C.H.BECK WISSEN

in der Beck'schen Reihe

Jedermann kennt es, das Symbol des Roten Kreuzes: Hilfe bei Krankheit, Katastrophen, Krieg, das ist es, was seit nunmehr 150 Jahren mit diesem heute weltweit wohl wertvollsten Markenzeichen auf dem Wohlfahrtsmarkt verbunden wird. Der Ursprung, die wechselhafte Geschichte und die einzigartig komplexe Organisationsstruktur der humanitären Weltbewegung des Roten Kreuzes sind hingegen weit weniger bekannt. Daniel-Erasmus Khan zeigt in diesem Buch, wie die internationale Rotkreuz- und Rothalbmondbewegung entstand, wie sie sich zu dem entwickelte, was heute mit ihr verbunden wird und welchen Herausforderungen sie sich gegenüber sieht.

Daniel-Erasmus Khan, geb. 1961, ist Professor für Völkerrecht und Öffentliches Recht an der Universität der Bundeswehr München und lehrt auch an der Hochschule für Politik München.

Daniel-Erasmus Khan

DAS ROTE KREUZ

Geschichte einer humanitären Weltbewegung

Verlag C.H.Beck

Der Kampf gegen Gipfel vermag ein Menschenherz auszufüllen.
Wir müssen uns Sisyphos als einen glücklichen Menschen vorstellen.
Albert Camus, Der Mythos des Sisyphos (1942)

Für Leonard, Ricarda und Henry

Originalausgabe

Satz: Fotosatz Amann, Aichstetten
Druck und Bindung: Druckerei C.H.Beck, Nördlingen
Printed in Germany
ISBN 978 3 406 64712 3

www.beck.de

Inhalt

I. Prolog 6

II. Die Ausgangslage: «Denn unter den Waffen schweigen die Gesetze» 9

III. Henry Dunant: «Eine Erinnerung an Solferino» (1862) 13

IV. Genf: Die Gründungsphase (1863/64) 20

V. Vom Honoratiorenverein zur humanitären Weltmacht: Ein historischer Überblick 43

1. Das Rote Kreuz in Zeiten von Nationalismus und Militarismus (1865–1914) 43
2. Das Rote Kreuz vor seiner ersten großen Bewährungsprobe: Der Erste Weltkrieg (1914–1918) 58
3. Das Rote Kreuz in Zeiten struktureller und inhaltlicher Neuausrichtung (1919–1929) 64
4. Das Rote Kreuz und die Konflikte der Zwischenkriegszeit 70
5. Das Rote Kreuz und der Nationalsozialismus 78
6. Das Rote Kreuz und der Zweite Weltkrieg (1939–1945) 91
7. Das Rote Kreuz vor den Herausforderungen der Nachkriegszeit 96
8. Das Rote Kreuz nach 1945: Humanitäres Engagement in einer sich wandelnden Welt 100

VI. Die Grundsätze der Rotkreuz- und Rothalbmondbewegung 108

VII. Die Internationale Rotkreuz- und Rothalbmondbewegung: Ein institutionelles Gefüge besonderer Art 112

VIII. Das Rote Kreuz heute: Herausforderungen und Perspektiven 121

IX. Epilog 124

Literatur 125

Register 127

I. Prolog

Am 10. Dezember 1901 traf in einem kleinen Ort über dem Bodensee im Schweizer Kanton Appenzell-Ausserrhoden ein Telegramm mit folgendem Wortlaut ein: «An Henry Dunant, Heiden. Das Nobelkomitee des norwegischen Parlaments hat die Ehre, Ihnen mitzuteilen, dass es den Friedensnobelpreis 1901 je zur Hälfte an Sie, Henry Dunant, und an Frédéric Passy verliehen hat. Das Komitee sendet seine Ehrerbietung und seine aufrichtigen Wünsche.»

Der ehrfurchtsvoll als «Apostel des Friedens» titulierte französische Parlamentarier und Humanist Passy hatte sein ganzes Leben der Förderung des Friedens und der friedlichen Beilegung von Konflikten gewidmet. Kein Zweifel: Im Sinne des testamentarischen Willens von Alfred Nobel war er damit ganz sicher ein würdiger Träger dieses höchstdotierten Friedenspreises, der in jenem Jahr zum ersten Mal überhaupt verliehen wurde. Aber Henry Dunant? War das nicht der inzwischen 73 Jahre alte, von Gläubigern verfolgte, weitgehend vergessene und wohl auch ein wenig verbitterte Geschäftsmann, der fast 40 Jahre zuvor mit einigen Gleichgesinnten in Genf eine «Hilfsgesellschaft für Verwundete» ins Leben gerufen hatte? Zugegeben, dieser privaten Initiative, die sich alsbald mit dem Zeichen des Roten Kreuzes schmücken sollte, war ein unerwartet großer Erfolg beschieden. Und erfolgreich waren auch die rasch einsetzenden Bemühungen, dem Krieg durch ein immer dichteres Netzwerk von Institutionen und Regeln zumindest einen Teil seines Schreckens zu nehmen, ihn mit anderen Worten ein wenig zu «humanisieren». Indes, den Krieg grundsätzlich in Frage gestellt hatten Dunant und sein kleiner Kreis illustrer Mitstreiter aus dem großbürgerlich-protestantischen Milieu der stolzen Kaufmannsstadt im südwestlichen Zipfel der Schweiz nicht. Schlimmer noch, diese Bewegung machte bei ihrer Tätigkeit «im Dienste der Menschlichkeit» keinen Unterschied zwischen guten und schlechten, gerechten und ungerechten Kriegen, zwischen schuldigen Aggressoren und unschuldigen Opfern. Ermunterte die Arbeit einer Bewegung, die Hand in Hand mit den Regierungen und ohne jede moralische oder rechtliche Wertung (nur) die gröbsten Exzesse des Krieges zu mildern suchte, die Staaten denn nicht geradezu, den Krieg auch wirklich einzusetzen – als «legitimes Mittel der Politik, mit dem man letzte und auch vorletzte Ziele notfalls durchzusetzen suchte» (Th. Nipperdey)? So lautete damals die etwa von der österreichischen Pazifistin Bertha von Suttner («Die Waffen nieder!») vorgebrachte und bis heute nicht gänzlich verstummte Kritik. Die seit ihrem Einsatz im Krimkrieg (1854/56) in ganz Europa als moralische Autorität anerkannte und auch von Henry Dunant selbst hoch geschätzte britische Krankenschwester Florence Nightingale hatte ebenfalls gemahnt: «... [W]enn man diesen Regierungen diese Verantwortung abnimmt [...] so hieße das, ihnen größere Möglichkeiten zu geben, neue Kriege zu entfachen.» Kein Wunder jedenfalls, dass die Arbeit des Roten Kreuzes – anders als diejenige der «echten» Friedensaktivisten – von Anfang an auch bei den Staaten auf ein so großes Wohlwollen traf.

Niemand hat wohl mehr unter diesem Dilemma gelitten als die Protagonisten dieser großen humanitären Weltbewegung selbst, einer Bewegung die heute weltweit über 100 Millionen Mitglieder umfasst: Denn natürlich, trotz aller Bemühungen um eine Humanisierung der Kriegführung, Krieg ist und bleibt furchtbares Leiden, Krieg ist und bleibt Tod und Verwüstung. Im Krieg ist es, wo der Mensch seine zivilisatorische Maske fallen lässt, und der Krieg ist es, der 200 Jahre zuvor das Anschauungsmaterial für das pessimistische Menschenbild des englischen Staatstheoretikers und Philosophen Thomas Hobbes geliefert hatte: «Homo homini lupus est» (Der Mensch ist dem Menschen ein Wolf). Wer wüsste dies besser als diejenigen, die seit nunmehr 150 Jahren unter dem Zeichen des Roten Kreuzes (und später auch des Roten Halbmondes) unmittelbar mit dem Grauen dieses zivilisatorischen Ausnahmezustandes konfrontiert sind? Aus dem Fenster der Bibliothek des Internationalen

Komitees vom Roten Kreuz (IKRK) in Genf, in der ich diese Zeilen schreibe, blicke ich auf die große Rotkreuzflagge. Sie hängt wieder einmal auf Halbmast, denn erneut ist bei einem humanitären Einsatz ein unbewaffneter und deutlich als neutraler Helfer gekennzeichneter IKRK-Delegierter auf grausame Weise ermordet worden.

Aber darf man den Menschen, das einzelne Individuum, gerade in der für ihn oftmals in so ganz existentieller Weise hoffnungs- und ausweglosen, von ihm selbst nicht zu verantwortenden Kriegssituation wirklich allein lassen? Und gilt Ähnliches nicht auch – auf einer sehr alltäglichen und daher vielleicht nicht ganz so spektakulären Ebene – in existentiellen Bedrohungslagen durch Krankheit, Hilfsbedürftigkeit aufgrund des Alters oder einer Behinderung sowie schließlich bei durch Mensch oder Natur verursachten Katastrophen? Es ist das entschiedene und kompromisslose «Nein» auf diese einfache Frage, das dem Roten Kreuz in seiner nunmehr 150-jährigen Geschichte weltweit ein so großes Maß an Respekt, Anerkennung und Vertrauen verschafft hat.

So bedauerlich dies nicht nur vom Standpunkt eines radikalen Pazifismus auch sein mag: Das Erfolgsgeheimnis dieser Bewegung bestand und besteht wohl gerade darin, dass sie den Krieg als Mittel der Politik eben niemals prinzipiell in Frage gestellt hat. Bis heute enthält sich das Rote Kreuz regelmäßig jeder moralischen, politischen oder rechtlichen Bewertung eines konkreten Kriegsgeschehens. Es ist sich der Grenzen seines im Wesentlichen auf völkerrechtlichen Verträgen beruhenden Mandates stets bewusst. Dieses pragmatische Zugeständnis an die politische und rechtliche Realität eines nicht immer konfliktfreien Nebeneinanders souveräner Staaten und zunehmend auch anderer machtpolitisch gleichwertiger Akteure ist immer wieder schmerzhaft – und in Situationen wie dem Holocaust gelegentlich fast unerträglich. Es hat dem Roten Kreuz jedoch bis heute diejenigen Freiräume eröffnet, derer es für den Erfolg seiner Arbeit bedarf. Diese Freiräume konsequent zu nutzen und – wo immer dies möglich erscheint – auch auszubauen, darin besteht bis heute seine Kernmission.

Im Testament von Alfred Nobel lesen wir, dass nicht nur derjenige des Friedensnobelpreises würdig sein solle, «der am meisten oder am besten für [...] die Abschaffung oder Verminderung der stehenden Heere sowie für die Bildung und Verbreitung von Friedenskongressen gewirkt hat». Gleiches solle vielmehr auch für denjenigen gelten, der Entsprechendes «für die Verbrüderung der Völker» getan hat. Dieser Gedanke der «Brüderlichkeit» (und «Schwesterlichkeit») bildet nun aber tatsächlich den Ausgangspunkt der Geschichte des Roten Kreuzes: Als die einfachen lombardischen Bäuerinnen Henry Dunant am Abend des 24. Juni 1859 auf dem Schlachtfeld von Solferino zur Linderung des Leidens von Freund und Feind zu Hilfe eilten, taten sie dies der Überlieferung nach mit einem schlichten «Tutti fratelli» («Alles Brüder»). Dreimal sind die Internationalen Rotkreuzorganisationen seither selbst mit dem Friedensnobelpreis ausgezeichnet worden, zweimal davon (1917 und 1944) mitten in einem der beiden Weltkriege des vergangenen Jahrhunderts, ein drittes Mal (1963) für Hilfeleistung in von Bürgerkrieg und Naturkatastrophen heimgesuchten Weltregionen. Wie könnte man besser dokumentieren, dass offensichtlich auch im Schatten des Krieges erfolgreiche Friedensarbeit möglich ist?

II. Die Ausgangslage: «Denn unter den Waffen schweigen die Gesetze»

Die Versuche, der Brutalität des Krieges Schranken zu setzen, sind keine Erfindung des 19. Jahrhunderts und auch keine der sogenannten westlichen Zivilisation. Dass der Kampf zu allen Zeiten und an allen Orten regelmäßig nicht bis zum Äußersten, das heißt bis zur physischen Ausrottung des Gegners, geführt wurde, hatte im Wesentlichen drei Gründe: Zunächst einmal waren und sind es zutiefst «menschliche» Triebfedern und Ängste, wie der Wille zum Überleben oder auch die Angst vor Rache, welche entscheidend zu einer Mäßigung der Kriegführung beigetragen haben: Wer Gefangene, Frauen und Kinder schonte, konnte zumindest darauf hoffen, dass der Gegner ebenso verfuhr. Die antiken Quellen, angefangen von der «Ilias» des Homer (Trojanischer Krieg), bieten zwar insgesamt ein Panoptikum des Grauens. Es finden sich aber doch immer wieder auch Beispiele «humanitärer» Praxis, etwa die Schonung von Wohn- und Kultstätten oder der Austausch von Gefangenen nach dem Ende der Feindseligkeiten. Hinzu kamen aber, zweitens, stets auch ganz pragmatische Gründe: Ein Gefangener kann ausgetauscht werden, als Geisel Sicherheit garantieren, als Sklave verkauft oder behalten werden – und ist damit möglicherweise viel «nützlicher» als ein im Kampf niedergemetzelter Gegner oder ein hingerichteter Gefangener. Und schließlich, drittens, haben sich Religion, Ethik und Moral schon immer mit dem Phänomen der Gewalt auseinandergesetzt und versucht, dem Kriegsgeschehen Grenzen zu setzen: Das berühmte «Auge um Auge, Zahn um Zahn» des Alten Testaments (das sogenannte Talionsprinzip) ist hierfür ein schönes Beispiel: Verhältnismäßig sollte die Reaktion eines Verletzten fortan sein und damit die damals verbreitete, oftmals weit ausufernde Blutrache eindämmen und der Gewalteskalation so Grenzen setzen. Der mittelalterliche Begriff der «Ritterlichkeit» enthielt hier klare Verhaltensregeln ebenso wie der «Bushido», der Ehrenkodex der japanischen Kriegerkaste der Samurai.

Letztlich aber handelt es sich bei all dem doch nur um ermutigende Anekdoten in einem Meer von Blut, Grausamkeit und vor allem Willkür. Stets war es der jeweilige Kriegsherr, der je nach persönlicher Einstellung und allein nach Opportunitätsgesichtspunkten über die Art und Weise der Kriegführung entschied: Die Eroberung Jerusalems durch die Kreuzritter im Jahre 1099 endete in einem Massaker an der Zivilbevölkerung; bei der Rückeroberung der Stadt 90 Jahre später verschonte Sultan Saladin die Christen vor dem gleichen Schicksal. In irgendeiner Weise geboten oder verboten war weder die eine noch die andere Verhaltensweise. Besonders misslich aber war es, dass keine kulturübergreifend verbindlichen Verhaltensmaßstäbe existierten: Viele Samurai starben wehrlos im Pfeilhagel der mongolischen Reiterheere, bevor sie sich überhaupt dem Gegner förmlich vorstellen konnten, so wie es ihr Ehrenkodex vorsah. Für die Römer gab es außerhalb des Reiches nur Barbaren, und eine Maxime wie «Nur ein toter Indianer ist ein guter Indianer» ist auch nicht gerade dazu angetan, das gegenseitige Vertrauen in eine menschliche Kriegführung zu stärken: Vielleicht war es dann doch sinnvoller, die Bleichgesichter zu skalpieren – sicher ist sicher!

Angst vor Rache, Nützlichkeitserwägungen und moralische Skrupel mögen zwar im Einzelfall durchaus wirksame Motive für eine gewisse «Zivilisierung» des Kriegsgeschehens bilden. Das Grundproblem aber – die rechtlich verbindliche und damit verlässliche Formulierung von Mindeststandards legitimer Kriegführung sowie die Schaffung institutioneller Strukturen für deren Respektierung – war damit natürlich nicht gelöst. So war denn noch vor gerade einmal 150 Jahren die Lage der Kriegsopfer – der Verwundeten, Gefangenen und der Zivilbevölkerung – nicht nur von Rechts wegen nach wie vor weitgehend ungeregelt. Sie war vor allem auch in der Praxis von Leiden, Willkür und einem hohen Maß an Gleichgültigkeit geprägt.

Noch immer galt letztlich unangefochten die von Mario Tullius Cicero (106–43 v. Chr.) in die berühmten Worte gekleidete Maxime: «Silent enim leges inter arma (»Denn unter den Waffen schweigen die Gesetze«). Der Krieg als rechtloser Zustand also, an dem auch die Ideale von Humanismus und Aufklärung nahezu spurlos vorbeigegangen waren. Um die Mitte des 19. Jahrhunderts hatten die nationalistische Überhöhung des Staates und dessen durchaus unheilige Allianz mit transzendentalen Weihen (»Sterben für Gott und Vaterland«) die Gefährdung des Individuums durch das Kriegsgeschehen sogar noch weiter verschärft. Gegenaufklärerisch restauratives Gedankengut in der Tradition mittelalterlicher «deus lo vult»-Formeln (Gott will es!), wonach der Krieg – und damit eben auch seine Folgen – göttlich sei (Joseph de Maistre), fiel bei den konservativ-reaktionären Entscheidungsträgern der Zeit auf fruchtbaren Boden. Hinzu kam, dass die Ersetzung der teuren professionellen Söldnerarmeen durch dienstverpflichtete Massenheere den für die Kriegführung unverzichtbaren Faktor Mensch enorm verbilligt hatte: Die Zahl der Opfer unter den Soldaten stieg stark an – sie zählten nichts mehr. Die qualitativen Sprünge der Waffentechnik taten schließlich ein Übriges, um den Blutzoll unter den Soldaten, zunehmend aber auch unter der Zivilbevölkerung in bisher unbekannter Weise zu erhöhen.

Andererseits befand sich die (europäische) Staatengesellschaft Mitte des 19. Jahrhunderts aber auch in einer für das Anliegen einer Humanisierung der Kriegführung günstigen Umbruchphase: Durch die Ersetzung der Söldner- durch Volksheere war das Phänomen «Krieg» mit all seinen grausamen Begleiterscheinungen mitten in der sich zunehmend emanzipierenden und auf Machtteilhabe drängenden Bürgergesellschaft angekommen: «[D]ie Völker bleiben nicht kalt und gleichgültig, sobald die Söhne des Landes sich schlagen; das Blut, das bei den Gefechten vergossen wird, es ist ja dasselbe, welches in den Adern der ganzen Nation fließt.» Dieser fast drohende Appell Dunants konnte die Machthaber in der Tat nicht länger kaltlassen. Und so hatte die Einführung der allgemeinen Wehrpflicht das Machtpotential der Staaten wohl nur vordergründig vergrößert: In letzter Konsequenz nämlich führte die Ausweitung des für die Kriegführung zur Verfügung stehenden «Menschenmaterials» unweigerlich zum Verlust der uneingeschränkten militärischen Prärogative, das heißt der absoluten Verfügungsmacht der Machteliten über die Art und Weise der Kriegführung.

Die bereits erwähnte Florence Nightingale, die Amerikanerin Clara Burton, der russische Chirurg Nicolai Pirogov und sein philanthropischer Landsmann Anatole Demidoff, der wieder begründete Johanniterorden sowie schließlich der deutsch-amerikanische Jurist Francis Lieber mögen stellvertretend für eine ganze Anzahl von privaten, zunehmend aber auch in der einen oder anderen Weise staatlich geförderten Initiativen stehen, welche das Schicksal der Kriegsopfer nicht nur thematisierten, sondern durch tatkräftige Unterstützung praktischer oder auch nur intellektueller Art zu lindern suchten. Nur beispielhaft sei hier auch an den italienischen Arzt Ferdinando Palasciano erinnert, der sich bereits während der Revolutionswirren des Jahres 1848 für eine diskriminierungsfreie Hilfeleistung ausgesprochen und diese unter akuter Lebensgefahr selbst praktiziert hatte – Hilfe auch für den wehrlosen Feind konnte damals als Hochverrat geahndet werden: Im Jahre 1861 hatte Palasciano sodann vor der Accademia Pontaniana in Neapel ganz explizit für eine Neutralisierung der Verwundeten in Kriegszeiten plädiert, ähnlich wie praktisch zur gleichen Zeit der französische Apotheker Henri Arrault.

«Inter arma caritas», so lautet bis heute das Motto des Internationalen Komitees vom Roten Kreuz. Die Idee der Menschlichkeit (auch) im Krieg hat die in den skizzierten zeitlichen und intellektuellen Kontext hineingeborene internationale Rotkreuzbewegung zwar sicher nicht «erfunden». Durch ihr im besten Sinne propagandistisches, organisatorisches und die Schaffung verbindlicher Normen anregendes Wirken sollte es den frühen Protagonisten der Bewegung aber vorbehalten bleiben, dieses Ideal fest und (hoffentlich) unauslöschlich im Bewusstsein der gesamten Menschheit und der sie repräsentierenden Staatengesellschaft zu verankern.

III. Henry Dunant: «Eine Erinnerung an Solferino» (1862)

General Guillaume-Henri Dufour hatte in seinem bereits 75 Jahre währenden Leben schon viel erlebt. Herausragender Militärstratege, Kartograph und Politiker, war er zweifellos eine der angesehensten Persönlichkeiten der Schweiz. Noch zu seinen Lebzeiten benannte seine Heimat den höchsten Punkt ihres Staatsgebietes nach ihm: die Dufourspitze im Monte-Rosa-Massiv. Irgendwann im Spätsommer des Jahres 1862 fand sich auf dem Schreibtisch dieses Mannes in Genf das Manuskript eines 120 Seiten schmalen Büchleins mit dem eher unspektakulären Titel «Un souvenir de Solferino» (Eine Erinnerung an Solferino). Autor der Schrift war Henry Dunant, dem General aus der gemeinsamen Mitgliedschaft in einer der vielen Vereinigungen der Genfer Gelehrten und Notabeln, der 1858 gegründeten «Société de Géographie de Genève» (Genfer Geographische Gesellschaft), wohlbekannt. Erzogen in streng protestantischem Geiste, der auch persönliches soziales Engagement einforderte, war der 32-jährige Dunant in seiner Heimatstadt seit einigen Jahren auch als Geschäftsmann kein Unbekannter mehr. Ein noch junger Mann also, dem offensichtlich eine typische Genfer Karriere bevorstand: wirtschaftlicher Erfolg, eingebettet in ein gelehrtes und philanthropisches Engagement mit kosmopolitischer Perspektive unter seinesgleichen, also innerhalb des relativ geschlossenen Zirkels des Genfer Bürgertums. Nichts deutete zum damaligen Zeitpunkt darauf hin, dass die bürgerliche Existenz dieses Henry Dunant nur fünf Jahre später völlig zusammenbrechen sollte: höchstrichterliche Bestätigung der Alleinschuld an einer spektakulären Insolvenz mit anschließender Ächtung durch die Genfer Gesellschaft, die auch in der 2. Hälfte des 19. Jahrhunderts noch immer von einem moralstrengen calvinistischen Geist geprägt war.

Die Lektüre dieser Schrift sollte dem Leben von Dufour noch einmal eine unerwartete Wende geben. Sichtlich angetan schreibt er dem Verfasser am 19. Oktober 1862 die folgenden Zeilen: «Es ist wohl nötig, dass man an so erschütternden Beispielen, wie Sie sie berichten, erkennt, dass der Schlachtenruhm mit Leid und Tränen bezahlt wird. Man ist nur zu leicht geneigt, allein die glänzenden Seiten des Krieges zu sehen und vor seinen traurigen Folgen die Augen zu schließen.» Was hatte dieser Dunant erlebt, das einen höchstdekorierten General so zu beeindrucken und dessen damals weitverbreitete Vorstellung von Glanz und Gloria des Krieges so zu erschüttern vermochte?

Die Fakten waren jedem gebildeten Zeitgenossen bekannt: «Jedermann hat von der Schlacht von Solferino gehört oder irgendeinen Bericht über sie gelesen», so schreibt Dunant selbst in seiner Schrift. Mehr als drei Jahre zuvor, am 24. Juni 1859, hatte in der Gegend des kleinen lombardischen Ortes Solferino unmittelbar südlich des Gardasees die ungeheure Zahl von etwa

230 000 Soldaten eine Entscheidungsschlacht im sog. Sardinischen Krieg ausgefochten. Die Niederlage Österreichs sollte das endgültige Ende der Herrschaft der Donaumonarchie in Norditalien einleiten und, unter tatkräftiger Mithilfe Frankreichs, den Weg zur Einigung Italiens unter der Führung des Königreichs Piemont-Sardinien ebnen. Auf dem Schlachtfeld selbst nahm eine damals noch weitgehend als selbstverständlich hingenommene Tragödie ihren Lauf:

> «Die ersten Sonnenstrahlen der Sonne des 25. beleuchteten eines der furchtbarsten Schauspiele, das sich dem Auge darzubieten vermag. Ueberall war das Schlachtfeld mit Menschen- und Pferdeleichen bedeckt; auf den Straßen, in den Gräben, Bächen, Gebüschen, auf den Wiesen, überall lagen Todte umher, und die Umgebung von Solferino war im wahren Sinne des Wortes damit übersäet, [...] und überall sah man größere und kleinere Blutlachen.»

Auch viele Tausend Verwundete und Sterbende, Franzosen, Österreicher und Piemonteser, waren praktisch unversorgt auf dem Schlachtfeld zurückgeblieben. Für sie musste die bei Beginn des Feldzuges von General Jean Louis Trochu zum Schutz der Zivilbevölkerung erlassene Proklamation wie Hohn klingen: «... wir wollen den Krieg mit Menschlichkeit, im Geiste der Gesittung führen.» Bitter zitiert Dunant denn auch einige der Opfer mit den Worten: «Ach! Mein Herr, wie leide ich! [...] Man gibt uns auf; man läßt uns elend sterben, und doch haben wir uns doch wacker geschlagen!»

Die elende Situation der Kriegsverwundeten und -versehrten war systembedingt: Bis zur Französischen Revolution hatte das militärische Machtinstrument der Staaten Mitteleuropas aus relativ kleinen, dafür aber hochprofessionellen und entsprechend teuren Söldnerarmeen bestanden. Aus ganz pragmatischen Gründen galt dem Wohl dieses wertvollen «Menschenmaterials» die besondere Fürsorge der politischen und militärischen Führung: Der medizinischen Versorgung auf dem Schlachtfeld wurde so im Rahmen der Möglichkeiten ein hoher Stellenwert eingeräumt. Großzügige, ja pompöse Alters- und Invalidenwohnsitze, wie das «Hôtel des Invalides» in Paris, dienten König Ludwig XIV. nicht zuletzt als Werbemittel für seine Freiwilligenarmee. Für die sich im Zuge der Revolution in ganz Europa etablierenden Massenheere bedurfte es eines solchen Aufwandes nicht (mehr): Der wehrpflichtige Bauernbursche, der kaum Sold erhalten und in den man auch nur geringe Ausbildungskosten investiert hatte, war leicht zu ersetzen. Durch die lange Friedensperiode hatte sich die Situation um die Mitte des 19. Jahrhunderts noch dadurch zugespitzt, dass die militärischen Sanitätsdienste auf einen Kriegseinsatz nicht mehr adäquat vorbereitet waren. Der Chefarzt des 4. Preußischen Armeekorps, Dr. Löffler, bekannte freimütig, dass der sparsame Umgang mit den öffentlichen Finanzen eine permanente Kriegsbereitschaft der Sanitätsdienste schlichtweg nicht zulasse.

Es sprach alles dafür, dass diese in gewisser Weise als unvermeidlich angesehene, aus Gründen der Aufrechterhaltung der Kriegsmoral an der Heimatfront tunlichst auch nicht übermäßig zu thematisierende Tragödie der Öffentlichkeit ein weiteres Mal verborgen bleiben sollte. In den offiziellen Berichten über die Schlacht von Solferino findet sich hierzu ebenso wenig wie in den Jubeldepeschen nach Paris und Turin sowie denjenigen naturgemäß eher verhaltenen Inhalts nach Wien. Wohl aus gutem Grunde, denn Berichte über humanitäre und soziale Missstände wurden nicht mehr klag- und widerspruchslos hingenommen. Die ungeheure Resonanz auf die Veröffentlichung des Romans «Onkel Toms Hütte» (Harriet Beecher Stowe) in der amerikanischen und britischen Öffentlichkeit hatte zehn Jahre zuvor eindrücklich gezeigt, dass es nur eines kleinen (literarischen) Funkens bedurfte um einer großen sozialen Idee, der Abschaffung der Sklaverei, zum Durchbruch zu verhelfen. Und es ist wohl auch kein Zufall, dass Joseph von Trotta, der Protagonist eines literarischen Meisterwerkes von Joseph Roth («Radetzkymarsch»), sich zwar bereitwillig als «Held von Solferino» feiern lässt, weil er an ebenjenem 24. Juni 1859 den jungen österreichischen Kaiser todesmutig aus höchster Gefahr gerettet hatte. Innerlich zerbrechen lässt der Autor seinen Helden aber dann daran, dass dieser Akt von selbstloser Pflichterfüllung in einem Schulbuch in heroisierender Weise verfälscht und verklärt wird. Nein, die Realität auf dem Schlachtfeld ist alles andere als ruhmreich und glänzend.

Es war nun aber tatsächlich ein Zufall von historischer Tragweite, dass der 31-jährige Henry Dunant Zeuge der humanitären Katastrophe auf und am Rande des Schlachtfeldes von Solferino wurde. In der Hoffnung auf eine Audienz in einer dringlichen, seine wirtschaftliche Existenz bedrohenden Angelegenheit (Mühlenkonzessionen in Algerien) war der junge Geschäftsmann dem französischen Kaiser Napoleon III. nachgereist und just am Abend der Schlacht in dessen Hauptquartier in Castiglione eingetroffen.

Die Erinnerung an «die erschütternden Szenen» der Tage von Solferino ließ Dunant in den nächsten Jahren nicht los: «Wer könnte jemals die Todeskämpfe dieser schrecklichen Nacht beschreiben?» Henry Dunant konnte es, und dies auf eine Art und Weise, die den Anstoß geben sollte zur wohl größten gesellschaftlichen Massenbewegung der Geschichte (der Rotkreuzbewegung) und zum wohl umfangreichsten und bis heute nicht abgeschlossenen Kodifikationsvorhaben der Rechtsgeschichte (dem Humanitären Völkerrecht). Wie aber konnte diese kleine und in der französischen Erstauflage (Genf 1862) von Dunant aus privaten Mitteln finanzierte Schrift eine derartige Wirkung entfalten?

Dunant versandte die ersten 1600 Exemplare auf eigene Kosten an die höchsten Repräsentanten der politischen, militärischen und intellektuellen Eliten in Europa, darunter den König von Italien, den Kaiser von Österreich, die Königin von Preußen, die Königin der Niederlande, den König von Württemberg, den Prinzen von Hessen. Von Anfang an nämlich wollte er mehr, als eine weitere gelehrte Schrift zur Notwendigkeit einer Humanisierung der Kriegführung zu verfassen. Denn daran herrschte in der Tat kein Mangel. In aufklärerischem Geist, mit intellektuellem Scharfsinn und schriftstellerischer Brillanz hatte etwa bereits genau 100 Jahre zuvor der ebenfalls aus Genf stammende Universalgelehrte Jean-Jacques Rousseau in seinem «Contrat Social» (Gesellschaftsvertrag) formuliert:

> «Der Krieg ist […] kein Verhältnis eines Menschen zum andern, sondern das Verhältnis eines Staates zum andern, bei dem die einzelnen nur zufällig Feinde sind […] Da der Zweck des Krieges die Vernichtung des feindlichen Staates ist, so hat man das Recht, die Verteidiger desselben zu töten, solange sie die Waffen in der Hand haben; sobald sie sie jedoch niederlegen und sich ergeben, so werden sie, weil sie aufhören, Feinde oder Werkzeuge des Feindes zu sein, wieder nur Menschen, und man hat kein Recht mehr auf ihr Leben.»

In der Tat war damit bereits ein zentrales Element des intellektuellen Fundaments von Rotkreuzbewegung und modernem Kriegsrecht formuliert worden: die Unterscheidung zwischen kämpfenden Soldaten (Kombattanten) einerseits und Opfern des Krieges andererseits. Praktische Konsequenzen jedoch zog Rousseau aus dieser Erkenntnis nicht, noch fühlte er sich hierfür – ebenso wenig wie seine Zeitgenossen – verantwortlich.

Ganz anders Dunant: Für ihn galt es, die «Mächtigen dieser Welt» durch die Schaffung von Regeln und Institutionen verbindlich auf konkrete Schritte zur Erreichung ebendieses Ziels einer Humanisierung der Kriegführung zu verpflichten. Voraussetzung für den Erfolg dieser Doppelstrategie aber war, so Dunants realistische Einschätzung, dass einerseits der Krieg als legitimes Mittel der Politik nicht prinzipiell in Frage gestellt wurde und andererseits dem Humanitätsgedanken der Ausbruch aus dem Elfenbeinturm elitärer Phantasien hin zu einer Massenbewegung gelingen würde:

> «Es handelt sich deshalb darum, einen Aufruf, eine Bitte an die Männer aller Länder und jeden Ranges ergehen zu lassen, von den Mächtigen dieser Welt bis zu den Ärmsten Arbeitern; denn Alle können auf die eine oder andere Weise und Jeder in seiner Art und nach seinen Kräften bei dieser guten That mitwirken. Ein Aufruf dieser Art würde den Frauen ebenso gut als den Männern gelten […], kurz Allen, welche ihre letzten Kräfte der Linderung der Leiden ihres Nächsten widmen wollen … General … Feldmarschall … Philanthropen … Schriftsteller …»

Die «gute That» aber sollte in zweierlei bestehen: Erstens sollten in allen Ländern private (nicht armeeeigene) Hilfsgesellschaften gegründet werden, die sich in professioneller Weise der Pflege von Kriegsopfern widmen sollten. Und zweitens sollte ein «internationaler, vertragsmäßiger, geheiligter Grundsatz» (d. h. ein völkerrechtliches Abkommen) zur Neutralisierung der Sanitätsdienste in Kriegszeiten getroffen werden. In seinem bereits erwähnten Brief vom 19. Oktober 1862 ermutigte General Dufour Henry Dunant bei diesem ehrgeizigen Projekt: «Es ist verdienstvoll, die Aufmerksamkeit auf die Frage der Menschlichkeit zu lenken. Wenn man die Frage aufmerksam und ernsthaft untersucht, könnte man mit Hilfe von Menschenfreunden aller Länder gewiss zu einer Lösung gelangen.»

Henry Dunant selbst sollte es nicht vergönnt sein über die unmittelbare Gründungsphase hinaus eine entscheidende Rolle bei der praktischen Verwirklichung dieser beiden großen Projekte zu spielen. Der unwiderstehlich-suggestiven Argumentationskraft, die er in «Eine Erinnerung an Solferino» eindrücklich unter Beweis stellte, gebührt jedoch das unbestrittene Verdienst, als intellektuelle Initialzündung der gesamten Rotkreuzbewegung gewirkt zu haben:

> «Welcher Fürst, welcher Monarch könnte diesen Gesellschaften seine Unterstützung versagen, und wer von ihnen wäre nicht glücklich, den Soldaten seiner Armee die volle Sicherheit zu verschaffen, dass sie, sobald sie verwundet sind, alsogleich und in der sorgfältigsten Weise gepflegt werden? Welcher Staat würde denen nicht seinen Schutz gewähren, welche auf diese Weise das Leben brauchbarer Bürger zu erhalten suchen? Ein Krieger, der seinem Vaterland dient oder es verteidigt, hat er nicht Anspruch auf die Sorge seines Vaterlandes?»

Zu Recht ist der Geburtstag Henry Dunants, der 8. Mai, denn auch zum Weltrotkreuztag bestimmt worden. Dass genau an diesem Tag auch der Sieg über das nationalsozialistische Unrechtsregime, welches sich schwerster Verstöße gegen die Regeln einer humanitären Kriegführung schuldig gemacht hatte, gefeiert werden kann, ist nur ein historischer Zufall – sicher aber ein nicht ganz unglücklicher.

IV. Genf: Die Gründungsphase (1863/64)

Publizistischer Erfolg. In ganz Europa war das Echo auf die Schrift Henry Dunants überwältigend: Binnen weniger Monate waren zwei weitere Auflagen erforderlich. Schon 1863 wurde das Buch auch ins Deutsche, Holländische und Italienische übersetzt und Charles Dickens machte die Schrift noch im Frühjahr 1863 durch lange und wohlwollend kommentierte Textauszüge in seiner populären Wochenschrift «All Year Round» auch in England einem breiten Publikum bekannt. In seltener Einmütigkeit und mit teilweise überschwänglichen Worten zollte das politische, gesellschaftliche und intellektuelle Europa über alle nationalen, ideologischen und weltanschaulichen Grenzen hinweg dem flammenden Appell Dunants für mehr Menschlichkeit im Kriege Beifall: «Sie haben das größte Werk des Jahrhunderts geschaffen. Europa wird es vielleicht nur allzusehr brauchen können», so schrieb der französische Philosoph Ernest Renan. Und das inoffizielle Zentralorgan der intellektuellen Elite Europas, das Pariser «Journal des débats politiques et littéraires», kommentierte in seinem Heft vom 15. Februar 1863 nicht weniger euphorisch: «Dieses im besten Sinne humanitäre Werk ist eine Aufforderung an jedermann, welcher Nation, welcher Religion oder welcher Weltanschauung er auch angehören möge [...] Russen, Engländer, Österreicher und Franzosen werden sich auf einem gemeinsamen Gebiet begegnen, auf dem Gebiet der Barmherzigkeit und der wahren Zivilisation.» Der in Europa und Nordamerika intellektuell bestens vernetzte Historiker und Diplomat Adolphe de Circourt fand schließlich geradezu prophetische Worte: «Es ist nur allzu wahrscheinlich, daß eine Reihe von gigantischen Kriegen ausbrechen und in allen Teilen der beiden Kontinente [gemeint sind Europa und Amerika] die Lösung der Probleme übernehmen werden, bei denen die Gewalt nach dem Geheiß der menschlichen Natur die getreue Begleiterin des Rechts ist. So kommen sie gerade zum rechten Augenblick. Es gibt kein Land, das Ihnen nicht Zustimmung und Beachtung schuldet. Ihr Name wird für immer zu den wenigen gehören, die sich um die Menschheit Verdienste erworben haben.»

Derartige Äußerungen waren zwar in der Tat außerordentlich schmeichelnd und ermutigend – und wurden von Dunant auch durchaus so empfunden. Seinem konkreten Ziel, eine «internationale, rechtsverbindliche und allgemein hochgehaltene Übereinkunft zu treffen, die, wenn sie erst festgelegt und unterzeichnet ist, als Grundlage dienen könnte zur Gründung von Hilfsgesellschaften für Verwundete in den verschiedenen Ländern Europas», brachten sie ihn aber letztlich keinen Schritt näher. Zudem räumten viele Zeitgenossen den visionären Ideen Dunants auch nur geringe Realisierungschancen ein. Zu groß seien die nationalen Egoismen und zu mächtig der intellektuelle Mainstream, der die Rolle des Staates nach innen und außen zunehmend zu verabsolutieren suchte. Selbst Florence Nightingale, die die humanitären Ziele Dunants durchaus teilte, hielt die Idee der Einrichtung eines freiwilligen, neutralen und unabhängigen Hilfsdienstes zur Ergänzung der armeeeigenen Sanitätstruppe nicht nur für «schlichtweg absurd», sondern nannte sie auch «practically impracticable» («praktisch undurchführbar»). Skeptisch äußerte sich auch ein anderer Veteran des Krimkrieges, der «médecin principal» der französischen Armee Jean-Charles Chenu. Kurz: Die Reaktion derjenigen, die praktische Erfahrungen in der Sanitätshilfe hatten, war alles andere als ermutigend.

Die Entstehung des Genfer Komitees. So sollten denn nach ihrer intellektuellen Geburt auch die ersten praktischen Schritte zur Verwirklichung der Rotkreuzidee Genfer Akteuren vorbehalten bleiben. Natürlich hatte Dunant dafür gesorgt, dass «Eine Erinnerung an Solferino» auch in seiner Heimatstadt größtmögliche Aufmerksamkeit erfuhr. Einer der vielen Adressaten seines Buches war Gustave Moynier. Der 1826 geborene Jurist war Dunant nicht nur aus gemeinsamen Schultagen am altehrwürdigen

«Collège Calvin» wohlbekannt, sondern auch aus der gemeinsamen Mitgliedschaft in der Genfer Geographischen Gesellschaft. Vor allem aber war Moynier damals Präsident der «Société genevoise d'utilité publique», der Genfer Gemeinnützigen Gesellschaft. Das Kernanliegen dieser 1828 von Genfer Notabeln in aufklärerisch-calvinistischem Geist gegründeten Gesellschaft war es, zur Verbesserung der Institutionen des Armen- und Fürsorgewesens beizutragen. Der von Haus aus begüterte Moynier hatte hier und in anderen philanthropischen Aktivitäten seine Lebensaufgabe gefunden. Durch die Teilnahme an den internationalen Wohlfahrtskongressen in Brüssel (1856), Frankfurt (1857) und London (1862) hatte er sowohl der ein wenig unter Perspektivlosigkeit leidenden Genfer Gemeinnützigen Gesellschaft als auch sich selbst neue, internationale Horizonte eröffnet. Kein Wunder also, dass der von Tatendrang erfüllte Philanthrop unmittelbar nach der Lektüre der Dunant'schen Schrift Kontakt mit dem Autor aufnahm: Hier bot sich ihm (endlich) die Gelegenheit, an der Verwirklichung einer humanitären Idee von universeller Bedeutung und hoher Praxisrelevanz mitzuwirken.

In einer Notiz über die erste Begegnung der beiden Hauptprotagonisten der Gründungsphase der Rotkreuzbewegung im November 1862 hat Moynier wohl ein wenig überrascht festgehalten, dass Dunant sich offensichtlich keinerlei Gedanken über eine praxistaugliche Strategie zur Verwirklichung seiner beiden großen Visionen – der Gründung eines Netzes nationaler Hilfsgesellschaften und des Abschlusses eines internationalen Abkommens, welches die freiwilligen Helfer auf dem Schlachtfeld schützen sollte – gemacht hatte. Moynier hat die geistige Urheberschaft Dunants an der Rotkreuzidee selbst niemals in Frage gestellt. Dennoch, es sollte der Tatkraft und gesellschaftlichen Vernetzung, dem praktischen Organisationstalent, aber auch den scharfen intellektuellen Fähigkeiten dieses lange Zeit im übermächtigen Schatten des «Helden von Solferino» stehenden Mannes vorbehalten bleiben, die entscheidenden Schritte zur Realisierung der Dunant'schen Ideen zu unternehmen. Ein erster bestand darin, das Thema bereits für den 15. Dezember 1862 auf die Tagesordnung einer Vorstandssitzung der Gemeinnützigen Gesellschaft zu setzen. Das Sitzungsprotokoll indes notierte schlicht: «Es ist nicht an unserer Gesellschaft, sich dieser Sache anzunehmen.» Zu groß erschien der Mehrheit die Herausforderung für einen Wohlfahrtsverein, der sich angesichts sehr beschränkter personeller und materieller Ressourcen bisher ganz auf die Prüfung lokaler Anliegen konzentriert hatte. Moynier aber ließ sich nicht entmutigen und nur einen Monat später, am 28. Januar 1863, machte er vor demselben Gremium einen weiteren Vorstoß. Sein Ziel hatte er nicht aufgegeben, nur seine Taktik geändert: Man möge doch zumindest die Zustimmung dafür geben, dass eine Denkschrift zu den Vorschlägen Dunants zwecks Vorlage an den für den September des Jahres in Berlin geplanten Wohlfahrtskongress erarbeitet würde. Damit war der Vorstand schließlich einverstanden. Nun ging alles ganz rasch. Nach einer kontroversen Diskussion, in der «Realisten» erneut Zweifel an der Praxistauglichkeit des ganzen Projektes äußerten, stimmte auch die eiligst auf den 9. Februar einberufene Hauptversammlung der etwa 180 Mitglieder umfassenden Gesellschaft der Einsetzung eines fünfköpfigen Komitees zu, welches Mittel und Wege zur Gründung einer «Hilfsorganisation für verwundete Militärpersonen» prüfen sollte. Damit war die organisatorische Keimzelle der Rotkreuzbewegung geschaffen.

Dem «Fünfer-Komitee» gehörten neben Dunant und Moynier auch die beiden Ärzte Dr. Louis Appia und Dr. Théodore Maunoir an sowie schließlich der im In- und Ausland in höchstem Ansehen stehende General Dufour, dem auf der konstituierenden Sitzung am 17. Februar 1863 auch der Vorsitz übertragen wurde. Dieser Tag gilt heute als Gründungsdatum der internationalen Rotkreuzbewegung.

Das Komitee gab sich zunächst den Namen «Comité international et permanent de secours aux militaires blessés» (Ständiges Internationales Komitee für die Verwundetenpflege), bevor es im Jahre 1875 den bis heute gültigen Namen «Comité international de la Croix-Rouge» (Internationales Komitee vom Roten Kreuz) annahm. Die ursprüngliche Namensgebung («international et permanent») lässt bereits wichtige und bis heute gültige Identitätsmerkmale des Genfer Komitees, ja der gesamten Rotkreuzbewegung erkennen:

Die Selbstcharakterisierung als eine «ständige» Einrichtung war zunächst ein klarer und durchaus selbstbewusster Hinweis darauf, dass sich das Komitee von Anfang an nicht mit der Erfüllung des sehr engen und zeitlich befristeten Auftrages, dem ihm die Gemeinnützige Gesellschaft ursprünglich erteilt hatte, begnügen wollte. Im Grunde genommen hatte das Konzept Dunants, so wie es in «Eine Erinnerung an Solferino» niedergelegt war, ja überhaupt nur die Bildung «nationaler Hilfsgesellschaften» vorgesehen. Mit der nunmehr erfolgten Einrichtung einer zusätzlichen und faktisch auf Dauer angelegten (überstaatlichen) Organisationsebene war nicht nur der Grundstein für die einzigartig komplexe und damit – wenig verwunderlich – nicht immer konfliktfreie Organisationsstruktur der internationalen Rotkreuzbewegung gelegt worden. Diese Formulierung machte vielmehr auch deutlich, dass sich das Komitee, ebenso wie die noch zu schaffenden nationalen Gesellschaften, nicht wie bis dahin allgemein üblich auf zeitlich befristete karitative Aktionen beschränken wollte. Vielmehr sollte die gesamte Bewegung «ständig», das heißt auch in Friedenszeiten, aktiv sein, durch Aufklärungsarbeit ebenso wie durch die praktische Vorbereitung auf den Ernstfall. Auch dieser Ansatz erntete von Anfang an nicht nur Beifall, sei dies doch nichts anderes – so die Vertreter der Friedensbewegung – als ein «stillschweigendes Sanktionieren und Vorhersagen» des Krieges (Bertha von Suttner). Die Grundpositionen für ein bis heute zumindest latent bestehendes, immer wieder aber auch fruchtbares Spannungsverhältnis zwischen Rotkreuz- und Friedensbewegung waren damit definiert.

Mit der Betonung seines «internationalen» Charakters erinnerte das Komitee daran, dass sein Projekt – in den etwas pathetischen Worten Dunants – «die ganze Menschheit, jedes Volk, jede Landschaft, sogar jede Familie» angeht und entsprechende Organisationsstrukturen daher in jedem Staate gleichermaßen vonnöten seien. Mit den Idealen der Menschlichkeit und Zivilisation waren zudem auch seine geistigen Triebfedern völker und staatenübergreifender und damit im wahrsten Sinne internationaler Natur. Ein unverzichtbarer Pfeiler für das Gesamtprojekt, wie Dunant auf der konstituierenden Sitzung des Komitees noch einmal ausdrücklich betonte, war schließlich der Abschluss einer die freiwilligen Hilfeleistenden schützenden «internationalen, rechtsverbindlichen und allgemein hochgehaltenen Übereinkunft» bereits zu Friedenszeiten. «Wenn die Feindseligkeiten einmal ausgebrochen sind», so stellte Dunant mit nüchternem Realitätssinn fest, «[sind die Kriegführenden] nicht mehr geneigt [...], diese Fragen anders als unter dem Gesichtspunkt des eigenen Landes und der eigenen Soldaten zu betrachten.» Damit aber waren die drei Kernelemente der Rotkreuzbewegung bereits relativ klar definiert: eine gemeinsame ideelle Grundlage, kohärente Organisationsstrukturen sowie ein völkerrechtliches Band, das die Staaten auf eine möglichst humanitäre Kriegführung verpflichten sollte.

Schon bei den ersten Zusammenkünften des Komitees stellten sich Fragen, die bis heute kaum etwas von ihrer Aktualität eingebüßt haben: Sollte das Projekt von Anfang an einen universalistischen Anspruch in der Weise erheben, dass es auch Bürgerkriege einschließt (so Dunant), oder sollte es vielmehr zunächst nur auf die europäischen Zwischenstaatenkriege beschränkt bleiben? War die Neutralisierung des freiwilligen Sanitätspersonals wirklich eine realistische Option? Wie war der Spagat zwischen Unabhängigkeit und damit Staatsferne einerseits und Einordnung in militärische und politische Befehls- und Organisationsstrukturen der (kriegführenden) Staaten andererseits zu bewältigen? Wie sollte schließlich ein allgemein für erforderlich gehaltenes gemeinsames Erkennungs- und Unterscheidungsmerkmal der Angehörigen der freiwilligen Sanitätskorps aussehen?

Schon auf seinen beiden ersten Sitzungen im Februar/März 1863 offenbarte das Komitee zwei bis auf den heutigen Tag für sein Wirken typische und in gewisser Weise komplementäre Merkmale: einerseits ein vorsichtig-zurückhaltendes – Kritiker würden vielleicht sagen: ein wenig ängstliches – Austesten dessen, was man den Staaten unter den jeweils gegebenen politischen und militärischen Umständen an humanitären Zugeständnissen zumuten konnte und sollte. Andererseits die Vermeidung definitiver Festlegungen und das Offenhalten weitergehender Zukunftsoptionen: «Später, nach einigen Jahren der Erfahrung, wenn das philanthropische Werk universell anerkannt ist, dann könne es selbstverständlich [neben den europäischen Zwischenstaatenkriegen] auch auf jede andere Art von Konflikt angewendet werden», so stellte das Komitee am 17. März 1863 fest. In einer Zeit, in der die Staaten unter dem rechtlich noch sehr wasserdichten Schirm der Souveränität eifersüchtig über ihre inneren Angelegenheiten wachten, konnte die uneingeschränkte Einbeziehung auch interner Konflikte (Bürgerkriege) in das Rotkreuzwerk nur eine ferne Zukunftsvision sein. Hingegen sehr rasch Realität werden sollte die zunächst ebenfalls als völlig unrealistisch angesehene Idee Dunants, die geplanten freiwilligen Sanitätsdienste nicht in die militärischen Befehlsstrukturen zu integrieren, sondern vielmehr zu neutralisieren. Prinzipientreue im Grundsätzlichen, Flexibilität und Pragmatismus im Alltagsgeschäft, so mag man diesen Ansatz vielleicht schlagwortartig charakterisieren.

Irreführend war und ist die Bezeichnung «international» hingegen, was Zusammensetzung und Rechtscharakter des Komitees selbst angeht. Tatsächlich ist der organisatorische Kern der gesamten Rotkreuz- und Rothalbmondbewegung bis heute formal nichts anderes als ein privatrechtlicher Verein nach Schweizer Recht, dessen Mitglieder das Schweizer Bürgerrecht besitzen müssen. Jean Pictet hat für diese einmalige Konstruktion die treffende und kaum adäquat ins Deutsche zu übersetzende Formel von der «institution internationale uninationale» geprägt, also einer «international (mono-)nationalen Institution». Bis heute erhalten geblieben sind auch eine Mischung aus juristischer, wirtschaftlicher und medizinischer Expertise sowie eine ungewöhnlich starke soziale Homogenität, Letztere in den vergangenen Jahren allerdings mit abnehmender Tendenz. Hierauf wird noch zurückzukommen sein. Immerhin, männliches Geschlecht und Zugehörigkeit zum protestantisch-liberalkonservativen Genfer Bürgertum stellen heute keine faktischen Zugangsvoraussetzungen zum Komitee mehr dar: Unter den derzeit (November 2012) 18 Mitgliedern finden sich vier Frauen – also nicht mehr wie in früheren Jahren nur die traditionelle Repräsentantin der Schwesternschaften. Und auch das bis 1923 exklusive und auch danach noch für viele Jahrzehnte dominante «Genfer Element» ist im Komitee inzwischen deutlich in der Minderheit.

Genfer Konferenz 1863. Der Wohltätigkeitskongress in Berlin, auf dem das Komitee ursprünglich für seine Ziele werben wollte, war überraschend abgesagt worden. Auf seiner 3. Sitzung am 25. August 1863 beschloss das Komitee daraufhin, dass «einzig eine internationale Konferenz in Genf den Fortgang des Unternehmens sichern könne». Diese sollte bereits im Oktober desselben Jahres stattfinden und unter Mitwirkung von Regierungsvertretern und anderen Experten über Mittel beraten, «mit denen man dem Sanitätsdienst im Felde zu Hilfe kommen könnte». Ein auf den ersten Blick nicht nur im Hinblick auf den Zeitplan erneut völlig unrealistisches Unterfangen: «Wie! Mein Herr! Auf Ihr Ersuchen soll ich einen bayrischen Vertreter nach Genf schicken, zu einer Versammlung, die von Ihnen und andern mir unbekannten Privatleuten einberufen ist!», so lautete die nicht ganz unverständliche Reaktion des bayerischen Kriegsministers auf die ihm von Dunant nur zwei Wochen vor Beginn der Konferenz persönlich vorgetragene Bitte. Der Wortlaut des Anfang September versandten Einladungsschreibens an zahlreiche Regierungen und Philanthropen mochte in der Tat – je nach Standpunkt – mutig, tollkühn oder naiv anmuten: Eine Gruppe von fünf Privatpersonen wollte Regierungsvertreter («da ihre Mitwirkung für das Gelingen des Werkes unerlässlich ist») und Einzelpersonen als Vertreter von Privatinitiativen (Wohltätigkeitsvereine, Johanniterorden) an einen Tisch bringen, um mit ihnen über einen vom Komitee bereits ausgearbeiteten Übereinkommensentwurf («Sie finden dessen Inhalt beiliegend») zu diskutieren! Dennoch hatte die Initiative letztlich nicht nur in München, sondern auch auf allen anderen Stationen von Dunants über 3000 km langen Werbereise an deutsche und österreichische Fürstenhöfe (u. a. Karlsruhe, Darmstadt,

Potsdam, Wien, Stuttgart) vollen und so sicher nicht erwarteten Erfolg. Die überraschend positive Resonanz – auch und gerade in preußischen Regierungskreisen – ermutigte Dunant sogar dazu, sein vom Komitee zur Steigerung der Erfolgsaussichten der Initiative noch sehr «souveränitätsschonend» formuliertes Mandat in einem entscheidenden Punkt zu erweitern. Statt der vollständigen Eingliederung der freiwilligen Hilfsdienste in die bestehenden militärischen Sanitätsstrukturen, die das Komitee noch als einzig realistische Option angesehen hatte, schlug Dunant nun ganz explizit die Neutralisierung der Hilfsdienste vor: «Dieselben Regierungen erklären, daß künftig das militärische Ärztepersonal und diejenigen, die von ihm abhängen, einschließlich der anerkannten, freiwilligen Helfer, durch die kriegführenden Mächte als neutrale Personen angesehen werden», so lautete der Kernpunkt der gemeinsam mit dem niederländischen Militärarzt Dr. Basting verfassten (neuen) Denkschrift. Ohne vorherige Rücksprache versandte er diese am 15. September 1863 «im Namen des Genfer Komitees» an die potentiellen Interessenten an der Genfer Konferenz. Im Nachhinein fand Dunant dieses eigenmächtige Vorgehen selbst «nicht ganz in Ordnung» – aber der Erfolg sollte ihm letztlich recht geben.

Ganz so überraschend aber kam dieser Erfolg nicht – auch und gerade was die Neutralisierungsinitiative anging: Die auf der ersten Station der Reise Dunants, dem Weltkongress für Statistik in Berlin (6.–12. September 1863), versammelte (Militär-)Ärzteschaft konnte schwerlich etwas gegen Vorschläge einwenden, die ihre persönliche Sicherheit, aber auch ihre beruflichen Entfaltungsmöglichkeiten (umfassende Hilfe für Freund und Feind im Sinne des Hippokratischen Eides) entscheidend verbessern sollten. Nicht zufällig hatte ein preußischer Militärarzt hohen Ranges, Dr. Wasserfuhr, bereits 1820 in einer heute fast vergessenen und leider ohne praktische Resonanz gebliebenen Schrift in sehr eindringlichen Worten ganz Ähnliches gefordert wie nun 43 Jahre später Henry Dunant. In der Tat zählten Militärärzte aus Preußen (Dr. Löffler und Dr. Boeger), den Niederlanden (Dr. Basting) und anderen Staaten erneut zu den eifrigsten Lobbyisten der Genfer Ideen bei der militärischen und politischen Führung ihrer Heimatstaaten. Aber auch bei den nationalen Entscheidungsträgern mussten keine großen Widerstände überwunden werden: «... die freiwilligen Helfer werden nichts kosten, man wird sie rufen und entlassen, wenn immer es beliebt»; dieses bereits auf der 2. Sitzung des Komitees vom 17. März 1863 formulierte und bis heute im Wesentlichen gültige Angebot war aus ganz pragmatischen Gründen verlockend. Von höchstem Interesse für die militärische und politische Führung war natürlich auch die Aussicht, dass in den geplanten nationalen Hilfsgesellschaften ohne jeden finanziellen und propagandistischen Einsatz von Staats wegen schon zu Friedenszeiten große Teile der Zivilbevölkerung auf den Kriegsfall vorbereitet werden könnten. Und schließlich mutete das Genfer Komitee den Militärs und Monarchen nicht zu, ihre nüchtern-realpolitische Gesinnung durch eine solche humanitärer oder gar pazifistischer Art zu ersetzen. General Dufour, der am 26. Oktober 1863 im festlichen Ambiente des Athenäums die Genfer Konferenz eröffnete, bestätigte das Vertrauen, welches auch Realpolitiker in diese neue Bewegung setzen konnten. Trotz aller Achtung und allen Mitgefühls, das die Friedensbewegung durchaus verdiene, so formulierte er, realiter sei nicht daran zu zweifeln, dass, «solange die menschlichen Leidenschaften dauern, und das wird wohl noch lange der Fall sein, es Kriege auf dieser Erde geben» werde. «Anstatt also dem Trugbild der Unterdrückung nachzujagen», so fuhr Dufour fort, «muss man, um der Menschheit wahrhaft zu nützen, darauf bedacht sein, die Furchtbarkeit ihrer Folgen möglichst zu mildern, indem man aufs kräftigste diejenigen unterstützt, welche kraft ihrer Stellung die Aufgabe haben, jenem Elend abzuhelfen; man muss ihnen die Mitwirkung der Arme verschaffen, die ihnen jetzt noch fehlen, und zwar ohne dadurch den Heeresleitungen nachteilige Hindernisse zu bereiten.» Sichtlich bemüht, diese sich den militärischen Interessen wohl doch allzu sehr anbiedernden Ausführungen seines Vorsitzenden zumindest ein wenig zu relativieren und die Brücken zur Friedensbewegung nicht völlig abzubrechen, betonte Moynier unmittelbar darauf, dass auch das

Genfer Komitee natürlich den Zustand «eines allgemeinen und ewigen Weltfriedens» herbeisehne und er hierfür langfristig «mit Hilfe des Christentums» durchaus eine gute Perspektive sehe. Dem Vorwurf derjenigen, die «zu unfruchtbaren Sentimentalitätsergüssen ihre Zuflucht nehmen», das Genfer Komitee rechtfertige den Krieg, indem es ihn als notwendiges Übel betrachte, trat Moynier energisch entgegen. Aber hier hatten die Kritiker natürlich einen wunden Punkt getroffen. Zwar war die neue humanitäre Bewegung rhetorisch dem «erhabenen Ideal des Weltfriedens» verpflichtet – so 30 Jahre später die Formulierung der Internationalen Rotkreuzkonferenz in Rom (1892). Aber weder glaubte man ernsthaft an die Verwirklichung dieses Idealzustandes, noch arbeitete man darauf hin. Die «raison d'être» der Bewegung war und ist der Krieg. Um es auf eine kurze Formel zu bringen: Ohne die «schreckliche Geißel des Krieges» (Rotkreuzkonferenz 1892) kein Rotes Kreuz! So ist das Verhältnis dieser humanitären Weltbewegung zum Krieg denn auch ambivalent. Man wird bis heute kein Rotkreuzdokument finden, das den Krieg als Mittel der Politik grundsätzlich in Frage stellt – damit würde die Organisation in der Tat nicht nur ihre Wirkungsmöglichkeiten in der realen Welt akut gefährden, sondern letztlich auch ihre Existenzgrundlage selbst in Frage stellen.

Von der aus taktischen Gründen damals vielleicht gebotenen, heute aber doch unangemessen devot erscheinenden Position Dufours, man werde den «Heeresleitungen [keine] nachteiligen Hindernisse [bereiten]», hat sich das Rote Kreuz indes immer mehr verabschiedet. Im Laufe der vergangenen 150 Jahre hat die Rotkreuzbewegung nicht nur immer umfassendere Schutznormen zugunsten immer weiterer Opferkategorien initiiert – nach den Verwundeten insbesondere auch die Kriegsgefangenen und die Zivilbevölkerung. Auch die Soldaten (Kombattanten) selbst hat sie durch die Unterstützung allgemeiner Grundsätze für eine humanere Kriegführung («Verbot unnötiger Leiden»), aber auch sehr konkreter Waffenverbote in ihre Schutzbemühungen einbezogen. In der Tat hat der unter maßgeblicher Mitwirkung des Roten Kreuzes geschaffene rechtliche Rahmen, welchen das Humanitäre Völkerrecht für eine legitime Kriegführung setzt, den Handlungsspielraum von Politik und Militär in signifikanter Weise eingeschränkt. Auch bei diesen Bemühungen aber war und ist man in Genf auf die Kooperation der Staaten angewiesen. Sie sind es letztlich, die jeder Regulierung und damit Einschränkung des Einsatzes militärischer Machtmittel zustimmen müssen – sei es durch den Abschluss von Verträgen oder durch eine gewohnheitsrechtsbildende Praxis.

Die ebenfalls immer wieder erhobenen und von Moynier in seiner Rede auf der Genfer Konferenz referierten Vorwürfe, man jage ja nur einem «Trugbilde» nach, baue bloße «Luftschlösser» und würde bei den Bemühungen, «dem gegenwärtigen Zustand abzuhelfen [...] auf unübersteigliche Hindernisse stossen», vermochte das Komitee indes alsbald zu widerlegen. An der Genfer Konferenz nahmen nicht nur 14 Staaten mit offiziellen Repräsentanten teil. Auch Vertreter einer Reihe privater Vereinigungen, darunter der Johanniterorden sowie verschiedene Wohltätigkeitsvereine, und engagierte Einzelpersönlichkeiten waren geladen und erschienen. Hiermit war das die Rotkreuzbewegung fortan in einzigartiger Weise prägende Element des Zusammenwirkens von privaten und staatlichen Komponenten vorgezeichnet. Der Vertreter des nichtstaatlichen Johanniterordens, im Protokoll wie selbstverständlich in die alphabetische Reihenfolge der Staaten eingeordnet, wurde sogar wegen seiner «absolut neutralen» Stellung zum Vizepräsidenten der Konferenz bestellt; ein in der europäischen Diplomatie des 19. Jahrhunderts präzedenzloser Vorgang! Den engen Kontakten von General Dufour zu allen Entscheidungsträgern seines Heimatstaates war es schließlich zu verdanken, dass die Schweiz mit einer besonders großen Delegation vertreten war, womit bereits zu diesem frühen Zeitpunkt die Grundlage für die Sonderbeziehung der Eidgenossenschaft zu der im Entstehen begriffenen Rotkreuzbewegung gelegt worden war.

Die von der Konferenz am 29. Oktober 1863 nach lebhaften, hinsichtlich der wesentlichen Grundsatzfragen aber nicht wirklich kontroversen Debatten verabschiedeten zehn Beschlüsse und drei Wünsche stellen das eigentliche Gründungsdokument der Internationalen Bewegung des Roten Kreuzes dar. Das zentrale Element dieser Beschlüsse war sicher – wie von Dunant in «Eine Erinnerung an Solferino» vorgesehen – die Errichtung jeweils eines nationalen Ausschusses samt eines organisatorischen Unterbaus («Sektionen»), welcher sich bereits in Friedenszeiten auf seine in enger Abstimmung und Kooperation mit der militärischen Führung zu erbringenden sanitären Hilfeleistungen im Krieg vorbereiten sollte. Diesem Beschluss folgten rasch Taten, und so waren binnen eines Jahres bereits zehn nationale Komitees gegründet, das erste bereits am 12. November 1863 im Königreich Württemberg – es folgten Oldenburg, Mecklenburg, Hamburg, Preußen, Italien, Frankreich und Spanien. Zu Recht konnte das Mitteilungsblatt des Komitees («Communication du Comité International») bereits 1864 vermelden, dass die Bildung eines Netzwerkes von Rotkreuzgesellschaften auf gutem Wege sei.

Dem Komitee in Genf selbst wurde in den Beschlüssen nur eine sehr bescheidene und zudem explizit als «provisorisch» bezeichnete Rolle als eine Art Kurierdienst zwischen den nationalen Komitees zugedacht. Das verwundert nicht, war doch ein internationales Komitee in den Plänen Dunants eigentlich gar nicht vorgesehen. Auch wäre es zum damaligen Zeitpunkt wohl taktisch sehr unklug gewesen, die anwesenden Staatenvertreter mit der Möglichkeit einer ihrer politischen Kontrolle nicht vollumfänglich unterworfenen internationalen Organisationsstruktur zu konfrontieren und ihre Kooperationsbereitschaft damit wahrscheinlich zu überfordern. Ob und mit welchen Aufgaben versehen sich die Mitglieder des Komitees damals selbst eine dauerhafte Rolle in der Bewegung vorstellten, ist nicht bekannt. Wie so oft sollte sich auch hier erweisen, dass Provisorien langlebig sein können und sie ihren Wirkungskreis gelegentlich auch erheblich auszubauen wissen – ohne rechtes Mandat und sicher auch zur Überraschung ihrer Gründer.

Beinahe indes hätte die Konferenz durch ein Missverständnis ihre größte rechtspolitische Chance verpasst: Tatsächlich hatte Moynier die Frage der Möglichkeit eines Schutzes der Sanitätsdienste und der ihnen anvertrauten Verletzten vor militärischen

Gründungsdokument der internationalen Bewegung des Roten Kreuzes

Internationale Konferenz in Genf (29. Oktober 1863)

Die internationale Konferenz, beseelt von dem Wunsche, für die Fälle, wo der Militärsanitätsdienst nicht ausreicht, den Verwundeten zur Hilfe zu kommen, nimmt folgende **Beschlüsse** an:

1. Es besteht in jedem Lande ein Ausschuß, dessen Aufgabe es ist, in eintretenden Kriegszeiten mit allen in seiner Macht stehenden Mitteln bei dem Sanitätsdienst der Heere mitzuwirken. Dieser Ausschuß bildet sich selbst in der Art und Weise, di im am nützlichsten und angemessensten erscheint.
2. Sektionen können sich in unbeschränkter Zahl zur Unterstützung dieses Ausschusses bilden, welchem die Oberleitung zusteht.
3. Jeder Ausschuß muss sich mit der Regierung seines Landes in Verbindung setzen, auf daß seine Dienstanerbietungen eintretendenfalls angenommen werden.
4. In Friedenszeiten beschäftigen sich die Ausschüsse und Sektionen mit dem was nötig ist, um sich im Kriege wahrhaft nützlich machen zu können besonders indem sie materielle Hilfsmittel aller Art vorberieten und freiwillige Krankenpfleger zu bilden und zu unterrichten suchen.
5. Im Kriegsfalle leisten die Ausschüsse der kriegführenden Nationen in dem Maße ihrer Kräfte ihren betreffenden Armeen Hilfe; besonders organisieren sie die freiwilligen Krankenpfleger, setzen sie in Tätigkeit und lassen, im Einvernehmen mit der Militärbehörde, Lokale zur Verpflegung der Verwundeten in Bereitschaft setzen. Sie können die Mitwirkung der Ausschüsse der neutralen Nationen in Anspruch nehmen.
6. Auf den Ruf oder mit Zustimmung der Militärbehörde schicken die Ausschüsse freiwillige Helfer auf das Schlachtfeld. Sie stellen sie dann unter die Leitung der militärischen Führer.
7. Die freiwilligen Helfer, die in der unmittelbaren Nähe der Armeen verwendet werden, müssen durch ihre betreffenden Ausschüsse mit allem versehen werden, was zu ihrem Unterhalt nötig ist.
8. Sie tragen in allen Ländern, als gleichförmiges Erkennungszeichen, eine weiße Armbinde mit einem roten Kreuz.
9. Die Ausschüsse und Sektionen der verschiedenen Länder können sich in internationalen Kongressen versammeln, um sich ihre Erfahrungen mitzuteilen und sich über die zum Besten der Sache zu ergreifenden Maßregeln zu verständigen.
10. Der Austausch der Mitteilungen zwischen den Ausschüssen der verschiedenen Nationen geschieht provisorisch durch die Vermittlung des Genfer Ausschusses.

Unabhängig von den vorstehenden Beschlüssen spricht die Konferenz folgende **Wünsche** aus:

A. Daß die Regierungen den sich bildenden Hilfsausschüssen ihren hohen Schutz angedeihen lassen und daß sie ihnen so viel als möglich die Erfüllung ihrer Aufgaben erleichtern.

B. Daß in Kriegszeiten von den kriegführenden Nationen die Neutralisation der Ambulanzen und Sanitäter ausgesprochen und auch auf die vollständigste Weise auf das offizielle Sanitätspersonal, die freiwilligen Helfer, die Einwohner des Landes, welche den Verwundeten Hilfe leisten, und endlich auf die Verwundeten selbst ausgedehnt wird.

C. Daß ein gleiches Erkennungszeichen für die Sanitätscorps aller Heere, oder wenigstens für diejenigen Personen derselben Armee, welchem diesem Dienst beigegeben sind, angenommen werden. Daß auch eine gleiche Fahne in allen Ländern für die Spitäler angenommen werde.

Angriffen («Neutralisierung») ursprünglich gar nicht auf die Tagesordnung der Konferenz gesetzt. Verärgerung über den Alleingang Dunants in Berlin gepaart mit Skepsis hinsichtlich der Erfolgsaussichten, mögen hierfür ausschlaggebend gewesen sein. Sollten die Staaten wirklich zu einer Relativierung ihrer klassischen Doktrin bereit sein, wonach alles, was den Feind zu schwächen geeignet war (und sei es die Zerstörung seiner Sanitätsdienste), ein grundsätzlich legitimes Ziel der Kriegführung war? Erst als ihm auf der Konferenz überzeugend bedeutet wurde, dass gerade die Aussicht auf eine Neutralisierung ein wesentlicher Grund für die Anwesenheit vieler Regierungsvertreter sei, korrigierte Moynier seine Fehleinschätzung. Ohne nennenswerten Widerstand wurde die «Neutralisierung der Ambulanzen und Spitäler» schließlich als Wunsch an die Regierungen formuliert, ebenso wie auch derjenige nach einem «gleichen Erkennungszeichen für die Sanitätscorps».

Das internationale Erkennungszeichen. Wie soll man Verwundete und ihre Helfer effektiv schützen, wenn man nicht weiß, wer sie sind und wo sie sind? Tatsächlich verwendete zur damaligen Zeit jede Armee noch eine eigene Kennzeichnung für ihre Sanitätsdienste: Weiß in Österreich, Rot in Frankreich, Gelb in Spanien und Schwarz in anderen Staaten. Einigkeit bestand daher darüber, dass es insbesondere im Hinblick auf die angestrebte Neutralisierung bestimmter Plätze und Personen unabdingbar sei, hier eine Vereinheitlichung herbeizuführen. Dass ein solches Zeichen zudem die «corporate identity» der im Entstehen begriffenen internationalen Bewegung entscheidend zu stärken geeignet war, wird schon im Vorwort der ersten Nummer des seit 1869 in Genf erscheinenden «Bulletin International» hervorgehoben und war sicher ein nicht unerwünschter Nebeneffekt. Die in den Beschlüssen der Genfer Konferenz erfolgte Festlegung auf eine «weiße Armbinde mit einem roten Kreuz» als eines, wenn auch später durch Alternativen (Roter Halbmond, Roter Kristall) ergänzten «gleichförmigen Erkennungszeichens» sollte nicht nur für den Kriegseinsatz dauerhaften Bestand haben. Auch auf dem «Wohlfahrtsmarkt» ist das Rote Kreuz auf weißem Grund heute weltweit eines der wertvollsten Markenzeichen überhaupt.

Die Ursprünge des Zeichens liegen bis heute im Dunkeln. Die entscheidende Stelle im Protokoll der Genfer Konferenz beschränkt sich auf folgenden Satz: «Nach einiger Diskussion wurde schließlich der Vorschlag von Appia angenommen, modifiziert in der Weise, dass die [von Appia zuvor in die Diskussion gebrachte] weiße Armbinde ein rotes Kreuz tragen soll.» Mehr wissen wir schlichtweg nicht. Weder die Hypothese, dass es sich um eine schlichte Umkehrung des Schweizer Wappens, noch diejenige, wonach es sich um eine Bezugnahme auf christliche Symbolik handeln sollte, lässt sich definitiv bestätigen. Zwar stellen die Genfer Konventionen seit 1906 einen Zusammenhang zum eidgenössischen Wappen her («zu Ehren der Schweiz ...»). Dies kann aber durchaus auch nur der Versuch einer nachträglichen Sinngebung gewesen sein, die es vor allem islamischen Staaten erleichtern sollte, der Bewegung beizutreten. Wilde Spekulationen, wonach «das Rote Kreuzzeichen aus dem Wappen der Stadt Hamburg entnommen sei» (Henning, 1914) oder «von der Frau des holländischen Arztes Basting gefunden und nach der Schweiz übermittelt worden ist» (Neumann-Elberfeld, 1914), entbehren jedenfalls jeglicher Grundlage.

Die Diplomatische Konferenz (1864). Die zehn Beschlüsse der Genfer Konferenz von 1863 konnten im Prinzip von den Staaten selbst ohne weiteres Zusammenwirken auf internationaler Ebene verwirklicht werden. Dies galt insbesondere für die Bildung nationaler Hilfsgesellschaften, zu der es ja dann auch in rascher Folge kam. Der von der Konferenz formulierte «Wunsch» nach Neutralisierung der Sanitätsdienste und Verwundeten hingegen veränderte die bestehenden Regeln legitimer Kriegführung und bedurfte zu seiner Realisierung daher einer förmlichen Staatenübereinkunft. Wiederum ging die Initiative hierzu vom Genfer Komitee aus: Ein bereits am 15. November 1863, also gerade einmal zwei Wochen nach Beendigung der Genfer Konferenz, versandtes Rundschreiben lotete die Erfolgsaussichten einer diplomatischen Konferenz zum Zwecke des Abschlusses eines entsprechenden Abkommens aus und fand erneut ein positives Echo in der Staatenwelt. Dies war alles andere als eine Selbstverständlichkeit, waren die Staaten, was die Art und Weise der Kriegführung anging, damals doch allenfalls an vage gewohnheitsrechtliche Mindeststandards gebunden. Die Übernahme echter vertraglicher Verpflichtungen hatte demgegenüber eine ganz andere Qualität.

Die am 8. August eröffnete und am 22. August 1864 mit der Unterzeichnung der «Genfer Konvention betreffend die Linderung des Loses der im Felddienst verwundeten Militärpersonen» abgeschlossene diplomatische Konferenz war in der Sache ohne Zweifel ein großer Erfolg: Der Grundstein des gesamten heute geltenden Humanitären Völkerrechts war gelegt und damit auch die zweite Forderung des Dunantschen Programms verwirklicht worden. Auch das Symbol des Roten Kreuzes auf weißem Grund selbst hatte als einheitliches Kennzeichen der freiwilligen Helfer Eingang in diese (Erste) Genfer Konvention gefunden. Ein Wermutstropfen war allenfalls, dass es nicht gelungen war, die nationalen Rotkreuzgesellschaften explizit in den Schutzbereich der Konvention einzubeziehen. Zu dieser völkerrechtlichen Aufwertung eines nichtstaatlichen Akteurs sollten die Staaten tatsächlich erst vier Jahrzehnte später bereit sein, bei der Vertragsrevision des Jahres 1906.

Bis heute bedeutsam für Rolle und Selbstverständnis des Genfer Komitees sind aber auch verschiedene Begleitumstände der Konferenz. Das Komitee übernahm (und übernimmt) die Initiative und steuert bis zu einem gewissen Grade auch die Prozesse zur institutionellen und materiellen Fortentwicklung des humanitären Projektes, ohne dabei den Staaten ihre hervorgehobene Stellung im internationalen System streitig zu machen. Es kooperiert mit den Staaten, ohne seine neutrale Stellung aufzugeben, und es nutzt schließlich alle, auch ungewöhnliche und innovative Mittel und Wege, um seine humanitäre Mission voranzutreiben – mit einem regelmäßig recht feinen Gefühl dafür, was es seinen Hauptadressaten, den Staaten, in der konkreten Situation an Zugeständnissen zumuten kann.

Schon bei der Frage des Teilnehmerkreises der Konferenz war diplomatisches Fingerspitzengefühl gefragt. In informellen Gesprächen mit der Regierung in Paris wurden insoweit Möglichkeiten und Grenzen ausgelotet: Sollte man alle deutschen Kleinstaaten einladen und/oder (nur) den Deutschen Bund? Die deutsche Frage war bereits damals kompliziert und die Kompromisslinie sah so aus, dass nach der (mangels Staatsqualität absehbaren) Absage des Deutschen Bundes selbst im Wesentlichen nur die bereits im Jahr zuvor in Genf beteiligten Regierungen eingeladen wurden. Um das deutsche Element nicht allzu übermächtig werden zu lassen, keine Zulassung monarchischer und republikanischer Zwergstaaten also! Wie sah es mit außereuropäischen Staaten aus, möglicherweise sogar solchen, die nicht dem christlichen Kulturkreis angehörten, wie die Türkei? Es wird berichtet, dass sich der französische Außenminister strikt gegen eine Einladung der südamerikanischen Republiken gewandt, gegen eine Teilnahme der Kaiserreiche Mexiko und Brasilien aber nichts einzuwenden hatte. Tatsächlich ist nur an diese beiden Staaten eine Einladung ergangen. Eine solche erfolgte aber auch – ohne erkennbare Bedenken – an die Türkei, die, ebenso wie das ebenfalls eingeladene Russland, wohl nur aus logistischen Gründen an der zeitgerechten Entsendung eines Vertreters nach Genf gehindert wurde. Letztendlich nahmen 16 Staaten an der Konferenz teil, darunter die europäischen Groß- und Mittelmächte Baden, Belgien, Dänemark, Spanien, Frankreich, Hessen-Darmstadt, Italien, die Niederlande, Portugal, Preußen, die Schweiz, Württemberg, Großbritannien, Schweden, Sachsen sowie schließlich auch die USA. Damit hatte die Genfer Initiative schon sehr rasch den engen geographischen, aber auch kulturellen Rahmen der europäischen Staatenwelt überschritten. Obwohl damals informell bereits erwogen wurde, auch Persien und Japan einzuladen, war man vom Anspruch, geschweige denn der Realisierung umfassender Universalität allerdings noch weit entfernt.

Zu einer solchen diplomatischen Konferenz konnte zur damaligen Zeit selbstverständlich nur ein Staat einladen. Wer sollte dies sein? Dank einer geschickten Pendeldiplomatie zwischen

Paris und Bern, deren Erfolg durch die guten persönlichen Kontakte General Dufours sowohl zu Napoleon III. als auch zur Schweizer Bundesregierung erheblich begünstigt wurde, konnte nicht nur Einigung über den Tagungsort (erneut Genf) erzielt werden. Vielmehr gelang es dem Genfer Komitee auch, den Schweizerischen Bundesrat dazu zu bewegen, die offiziellen Einladungen auszusprechen. Ein Ereignis mit weitreichenden Folgen, wurde mit diesem Akt doch die Sonderbeziehung zwischen dem Roten Kreuz und der Schweiz endgültig besiegelt. Die Idee der Neutralität, ein besonderes Engagement in humanitären Angelegenheiten sowie nicht zuletzt eine gewisse weltanschauliche und personelle Verflechtung verbindet diese beiden Akteure bis heute. So überließ die Schweizer Regierung den Genfern nicht nur die gesamte organisatorische und inhaltliche Vorbereitung der Konferenz, einschließlich der Ausarbeitung eines Übereinkommensentwurfs. Sie bestimmte – neben dem Chefarzt ihrer Armee – auch Präsident und Vizepräsident des Genfer Komitees zu ihren offiziellen Vertretern. Mit diplomatischem Status versehen, konnten Dufour und Moynier ihre humanitäre Agenda auf der Konferenz denn auch ganz offiziell und formal korrekt «im Namen der Schweiz» zum Erfolg führen.

Mit taktischem Geschick wies Dufour in seiner Eröffnungsrede (natürlich war er auch zum Präsidenten der Konferenz bestimmt worden) das alleinige Verdienst am Zustandekommen der Konferenz Frankreich zu. Die Schweiz sei nur wegen ihrer geringen Größe und ihrer Neutralität als Ausrichter auserkoren und Genf nur als Geburtsort der Idee als Tagungsort gewählt worden. Auch wenn Frankreich sicher eine Schlüsselrolle zukam, eine bescheidene Relativierung der eigenen Rolle «um der Sache willen» war unverkennbar und kennzeichnet die Tätigkeit des Roten Kreuzes in gewisser Weise bis heute.

Bereits zuvor, im März 1864, hatte das Komitee auch seine erste praktische Bewährungsprobe zu bestehen. Es entsandte zwei Delegierte auf den Kriegsschauplatz des Schleswigschen Krieges, einen auf die deutsche Seite der Frontlinie (Dr. Appia) und einen hinter die dänischen Linien (Charles van der Velde). Nur auf diese Weise könne der Anspruch auf «Unparteilichkeit und Internationalität» gewahrt werden, so das Komitee ausdrücklich auf seiner Sitzung vom 13. März 1864. Während Dr. Appia mit offenen Armen empfangen wurde und er bei seinem Einsatz an der Front im Einklang mit den Beschlüssen vom Oktober des vergangenen Jahres erstmals eine weiße Armbinde mit rotem Kreuz trug, war die Mission auf dänischer Seite schwierig. Wie konnte man moralische Autorität beanspruchen und angesichts der preußischen Aggression schweigen? – so lauteten die Vorwürfe in der dänischen Presse an das Genfer Komitee und seinen Delegierten. Das Komitee verteidigte seine Position vehement: Guter Samariter und Schiedsrichter gleichzeitig konnte und wollte man nicht sein. Langfristig hat sich diese konsequente Neutralitätsposition für das Komitee ausgezahlt und auch kurzfristig war sie ein Erfolg. Die endgültige Zustimmung Frankreichs zur Genfer Konferenz (Brief vom 21. Mai 1864) nahm ausdrücklich Bezug auf die erfolgreiche Mission in Schleswig. In der Tat, eine Hilfsorganisation, die selbst im Angesicht eines ganz offensichtlichen Aggressionskrieges Neutralität wahrte, konnte für eine Großmacht wie Frankreich durchaus von Nutzen sein.

In seinem ersten Rundschreiben vom 12. Juli 1864 lud das Internationale Komitee schließlich die bis dahin gegründeten nationalen Komitees dazu ein, am 8. August ihre Vertreter für einen Besuch nach Genf zu schicken. Natürlich könnten diese nicht an den offiziellen Sitzungen der «zufällig» zeitgleich stattfindenden Diplomatischen Konferenz teilnehmen. Aber an deren Rande – so fährt das Schreiben fort – würde es sicher nicht an Gelegenheiten mangeln, mit den Staatenvertretern Gespräche zu führen und Ideen auszutauschen, was nach Ansicht des Komitees «extrem ertragreich» sein könnte. Ein wenig humanitärer Lobbyismus von nichtstaatlicher Seite, wohldosiert, zur rechten Zeit und am rechten Ort eingesetzt, vermag die humanitäre Sache durchaus zu befördern. Auch heute, 150 Jahre später, gilt in Genf und anderswo nichts anderes.

Nach Frankreich und der Schweiz (September/Oktober 1864) trat in rascher Folge praktisch die gesamte europäische Staatenwelt der Genfer Konvention bei, einschließlich der Türkei, die damit ihren Platz in der europäischen Völkerrechtsfamilie festigte. Auch der Heilige Stuhl, der – ebenso wie zuvor Bayern und Österreich – aus religiösen Gründen lange gezögert hatte, tat diesen Schritt dann 1868 doch noch: Den Verwundeten könne so der religiöse Beistand leichter und regelmäßiger gespendet werden.

Ein bitterer Abschied. Seit dem 10. Rundschreiben vom 28. Oktober 1867 an die inzwischen 21 nationalen Komitees trägt der Briefkopf des Internationalen Komitees in Genf auch ganz offiziell ein Rotes Kreuz. Sein geistiger Vater, Henry Dunant, hatte das Komitee zu diesem Zeitpunkt bereits verlassen müssen, verdrängt durch persönliche Animositäten und Meinungsverschiedenheiten mit dem neuen starken Mann der Bewegung, Gustave Moynier. Man mag erwägen, ob die Vernichtung der bürgerlichen Existenz Dunants im sittenstrengen Milieu Genfs auch die Reputation des Komitees selbst ernsthaft in Mitleidenschaft hätte ziehen können. Echte Indizien hierfür sind aber nicht erkennbar und so war der schwere Bankrott Dunants für das Komitee wohl doch nur ein willkommener Vorwand, um sich endgültig von ihm zu trennen. Der Prophet gilt im eigenen Lande wenig, vor allem wenn er dessen sozialen Normen nicht genügt. Auf seine (letztlich erzwungene) Bitte, vom Posten des Sekretärs entbunden zu werden (August 1867), antwortete ihm das Komitee ausweislich des Protokolls der Sitzung vom 6. September 1867 mit kühlen Worten, dass nicht nur diese Demission angenommen sei, sondern auch diejenige als Mitglied des Komitees selbst. Einen derart umfassenden Abschied von seinem humanitären Lebenswerk aber hatte Dunant tatsächlich nie beantragt.

Am 21. Februar 1873 hielt Gustave Moynier vor der Genfer Gemeinnützigen Gesellschaft einen langen Vortrag über die Ursprünge des Roten Kreuzes und seine Entwicklung in den ersten zehn Jahren ihres Bestehens. Henry Dunant wird hierin mit keinem Wort erwähnt! Noch fast 30 Jahre später, als Henry Dunant für den Nobelpreis nominiert worden war, reagierte das Internationale Komitee – immer noch unter der Präsidentschaft

Moyniers – indigniert mit einer Gegenkandidatur. Und auch nach der Entscheidung zugunsten von Dunant erwies sich das Komitee als schlechter Verlierer. In zwei Artikeln seines «Bulletin International» (1/1902 und 4/1902), die tatsächlich wohl allein aus der Feder Moyniers stammten, insistierte es, dass man Dunant allenfalls als Ideengeber anerkennen könne. Der Gründer des Roten Kreuzes aber sei er zweifellos nicht gewesen. Indes, diese und weitere Versuche, Henry Dunant aus dem kollektiven Gedächtnis der Rotkreuzbewegung zu verdrängen, misslangen. So sollte Gustave Moynier, der die Geschicke der Bewegung für über 40 Jahre maßgeblich bestimmte – als Präsident des Komitees und durch eine umfangreiche Publikationstätigkeit –, zwar deren eigentlicher Baumeister werden. Nach seinem Tod im Jahre 1910 geriet er jedoch bald in Vergessenheit, ganz anders als der im selben Jahr verstorbene geistige Architekt des Roten Kreuzes, Henry Dunant.

Eine beeindruckende (Zwischen-)Bilanz. Zwischen dem Erscheinen der «Erinnerung an Solferino» (November 1862) und dem Abschluss der Genfer Konvention (August 1864) waren keine zwei Jahre vergangen. In diesem kurzen Zeitraum haben sich die bis heute in ihren wesentlichen Elementen unveränderten Grundstrukturen der Weltbewegung des Roten Kreuzes herausgebildet:

1. Die Existenz eines Internationalen Komitees in Genf, das seine Operations- und Steuerungsfunktionen im Laufe der Zeit Schritt für Schritt auszubauen vermochte. Die Entsendung von Dr. Appia und Hauptmann van der Velde auf den Schleswigschen Kriegsschauplatz im Frühjahr 1864 war der Beginn des bis heute wohl wichtigsten Instrumentariums, das dem Komitee zur Durchsetzung humanitärer Prinzipien zur Verfügung steht: Mit diesem Auftrag versehen befinden sich derzeit (2012) etwa 1400 Delegierte in allen Krisengebieten der Welt im Einsatz.
2. Ein Netzwerk nationaler Rotkreuzgesellschaften, das binnen eines Jahres (von Dezember 1863 bis Dezember 1864) bereits elf Gesellschaften umfasste und bis zum Ausbruch des

Deutsch-Französischen Krieges (1870) um weitere 14 Mitglieder anwachsen sollte. In vielen Staaten – darunter insbesondere auch in Deutschland – umfasst das Selbstverständnis dieser Gesellschaften heute ein breites Spektrum von Aufgaben im Wohlfahrtsbereich, im Bereich der Katastrophenhilfe sowie in der Entwicklungszusammenarbeit. Auch wenn dies manchmal in Vergessenheit zu geraten droht, so ist der Kernauftrag auch dieser (nationalen) Rotkreuzgesellschaften doch bis heute unverändert geblieben: Sie sind mit bestimmten Privilegien ausgestattete Hilfsgesellschaften der nationalen Behörden für den humanitären Einsatz im Kriegsfall.

3. Das kooperative Zusammenwirken von Staaten, nationalen Gesellschaften und dem Internationalen Komitee zur Verwirklichung gemeinsamer humanitärer Ziele. Bereits in den Beschlüssen der Konferenz von 1863 heißt es, dass man sich «in internationalen Kongressen versammeln [könne], um […] Erfahrungen mitzuteilen und sich über die zum Besten der Sache zu ergreifenden Massregeln zu verständigen». Diesem Auftrag folgend findet heute alle vier Jahre in Genf unter Beteiligung aller Bestandteile der Bewegung eine Internationale Rotkreuzkonferenz statt. Nicht selten zählt zu den bei diesem Anlass identifizierten «zu ergreifenden Massregeln» auch der Abschluss eines völkerrechtlichen Vertrages, welcher den Krieg erneut ein kleines Stückchen «humaner» gestalten soll. Auch hierfür existiert mit der Diplomatischen Konferenz von 1864 bereits ein frühes Vorbild.

V. Vom Honoratiorenverein zur humanitären Weltmacht: Ein historischer Überblick

1. Das Rote Kreuz in Zeiten von Nationalismus und Militarismus (1865–1914)

50 Jahre und kein Grund zum Jubeln? Am 1. November 1914, also wenige Wochen nach Ausbruch des Ersten Weltkrieges, veröffentlichte ein gewisser Otto Priewe das folgende Gedicht:

> «Schwarz ist das Sinnen der Feindeswelt,
> Die sich uns dräuend entgegenstellt,
> Weiß ist der Schild, der uns makellos rein
> Führt in den heiligen Kampf hinein,
> Rot ist das Blut, das die Teuren gegeben,
> Die für uns ließen im Kampf ihr Leben,
> Und aus der blutigen Saat soll entstehn
> Ein Deutschland, wie nimmer es gesehn,
> Stets aber bleib' uns in Not und Tod
> Heilig das Banner: Schwarz, Weiß, Rot!»

Aus heutiger Sicht sind dies in der Tat äußerst befremdliche Zeilen. Zur damaligen Zeit aber war diese extreme Form militaristisch-nationalistischer Rhetorik alles andere als ungewöhnlich und lässt sich so oder in ähnlicher Weise in vielen Staaten Europas nachweisen. Überraschung erzeugt denn auch allenfalls das Publikationsorgan: «Das Rote Kreuz – Central-Organ für deutsche Wohlfahrts- und Wohltätigkeitsbestrebungen. Offizielle Zeitschrift der Deutschen Vereine vom Roten Kreuz» (Nr. 22/1914, S. 769). War nicht im selben «Central-Organ» noch wenige Monate zuvor anlässlich des Goldenen Jubiläums der Genfer Konvention von 1864 der «völkerverbindende Gedanke vom Roten Kreuz» beschworen worden? Dieser Leitartikel («Fünfzig Jahre Rotes Kreuz – 1864–1914») hatte voller

Stolz ein beeindruckendes Bild der mittlerweile dichten und effizienten Organisationsstruktur der Rotkreuzbewegung in Deutschland sowie ihres breiten Tätigkeitsspektrums präsentiert: von der Kriegsvorbereitung auf dem Gebiet des Sanitätswesens bis hin zu vielfältigen dem Wohlfahrtssektor zuzuordnenden Aktivitäten. Kein Zweifel, «Deutschland [sei] in der Entwicklung des Menschlichkeitsgedankens sichtlich gesegnet gewesen» und ein wichtiger Faktor hierfür seien die «engen, vielfach auf Personalunion in den leitenden Stellen beruhenden Beziehungen zu den Behörden von Reich, Staat und Gemeinde». Völlig unerwähnt indes blieb, dass man als nationales (deutsches) Rotes Kreuz gemeinsam mit vielen anderen Schwestergesellschaften sowie einem «Zentralkomitee» in Genf natürlich auch Teil einer humanitären Weltbewegung war. In einem ähnlich nationalistischen Geiste planten auch das italienische und das französische Zentralkomitee in den Hauptstädten ihrer Länder große Feierlichkeiten anlässlich des 50-jährigen Jubiläums.

Beim Internationalen Komitee in Genf stellte man sich in jenen Tagen denn auch ganz ernsthaft die Frage: Gibt es wirklich einen Grund, diesen Jahrestag mit Glanz und Gloria zu feiern? In einem Rundschreiben vom Herbst 1913 hatte das Komitee bei den nationalen Gesellschaften das Interesse an einer gemeinsamen Jubiläumskonferenz ausgelotet. Das Ergebnis war ernüchternd. Vor allem Deutschland hatte sich ablehnend gezeigt, was das Komitee auch in ungewöhnlich offenen Worten notierte. In Genf wurde denn auch eher bescheiden, ja ein wenig buchhalterisch Bilanz gezogen: Praktisch unkommentiert wurden die inzwischen in der Tat beeindruckend langen Listen der Vertragsstaaten der Genfer Konvention und der nationalen Rotkreuzgesellschaften veröffentlicht und schließlich verwandte man viel Mühe darauf, auf der Schweizer Nationalausstellung mit einem großen farbenfrohen Stammbaum der Rotkreuzbewegung Präsenz zu zeigen. Im Übrigen veröffentlichte das Komitee noch zwei historische Bilder der Diplomatischen Konferenz von 1864. Eines zeigt General Dufour, wie er unter dem Bild Henry Dunants der Konferenz präsidiert. Entsprach ein von übersteigerter nationaler Identifikation und Fanatismus getragenes kriegsbereites, ja bis zu einem bestimmten Grade kriegsbegeistertes humanitäres Engagement wirklich noch dem Geist der Rotkreuzbewegung, so wie es Dunant und den anderen Mitgliedern des Genfer Komitees ein halbes Jahrhundert zuvor als Ideal vor Augen gestanden hatte? Gustave Moynier hatte dieses Selbstverständnis noch kurz vor Ausbruch des Deutsch-Französischen Krieges (1870) in die Worte gekleidet: «Das, was das eigentlich Internationale bei den Rotkreuzgesellschaften ausmacht, ist der Geist, der sie beseelt ... Sie sind ein lebender Protest gegen diesen rohen Patriotismus, der im menschlichen Herzen jedes Mitgefühl für den leidenden Feind erstickt [...].»

In der Tat war das Bild der Rotkreuzbewegung am Ausgang des «langen 19. Jahrhunderts» (Eric Hobsbawn) verwirrend. Auf der einen Seite vor Kraft, Selbstbewusstsein und patriotischem Optimismus strotzende nationale Gesellschaften. Auf der anderen Seite ein Internationales Komitee, dem nicht nur die Fähigkeit zur Steuerung der Rotkreuzbewegung zu entgleiten drohte, sondern dem es offensichtlich auch zunehmend schwerfiel, den gemeinsamen Geist des Projektes über Landesgrenzen hinweg sichtbar zu machen, geschweige denn wirksam zur Geltung zu bringen. Was war in den vergangenen 50 Jahren wirklich passiert?

Die Rotkreuzbewegung: Eine beispiellose Erfolgsgeschichte. Fakten und Zahlen lassen keinen Zweifel. Wohl eher instinktiv hatten Henry Dunant und das Genfer Komitee mit ihrer Bewegung zielgenau den Nerv der Zeit getroffen. Nach mehr als 50-jähriger Abwesenheit war der Krieg Mitte der 1860er Jahre nach Mitteleuropa zurückgekehrt. Er traf auf ein zunehmend labiles Staatensystem, in dem sich wichtige Akteure – Deutschland, Italien, die Balkanstaaten – in konfliktträchtiger Weise als «Nationalstaaten» konstituieren bzw. konsolidieren wollten und damit das durch den Wiener Kongress (1814/15) sorgfältig austarierte europäische Mächtegleichgewicht ins Wanken brachten. Ebendiese Staaten aber waren aus sehr handfesten wirtschaftlichen, verkehrs- und kommunikationstechnischen Gründen gleichzeitig auch gezwungen, auf immer neuen Feldern die internationale Kooperation zu suchen. Die Errichtung der Zentralkommission für die Rheinschifffahrt (1816/1868), der Europäischen Donaukommission (1856), des Internationalen Telegraphenvereins (1865) sowie des Weltpostvereins (1874) sind hierfür wichtige Beispiele. Gemeinsame Interessen trotz zunehmender Entfremdung durch Nationalismus und Militarismus prägten damit eine Epoche, in der gleichzeitig eine aus Untertanenmentalität erwachte und sich nach revolutionärem Aufbegehren nun wieder mit der monarchischen Macht arrangierende bürgerliche Gesellschaft auf Mitwirkung an der Gestaltung des Gemeinwesens drängte. Das «Genfer Erfolgsrezept» war damit sicher die geglückte Kombination von idealistischen Bestrebungen einer zunehmenden Zahl engagierter Bürgerinnen und Bürger mit einem sehr realpolitischen Interesse der Staaten an einer effizienten Durchsetzung ihrer macht- und ordnungspolitischen Interessen, die sich (bedauerlicherweise) immer öfter nur mehr mit kriegerischen Mitteln verwirklichen ließen. Für die Stärkung der beiden Pfeiler der Rotkreuzidee – Humanisierung der Kriegführung durch die Bildung von Hilfsgesellschaften und den Abschluss von Verträgen – war dies in der Tat ein idealer Nährboden.

Und so war die Rotkreuzfamilie im Jahre 1914 mit 38 Hilfsgesellschaften nicht nur im ganz überwiegenden Teil der europäischen und nichteuropäischen (Argentinien, Brasilien, China, Kuba, Japan, Mexiko, Peru, Türkei, Venezuela, Uruguay) Staatenwelt zu einer festen institutionellen Größe geworden. Die meisten nationalen Gesellschaften verfügten vielmehr auch über einen organisatorischen Unterbau, der eine tiefe Verankerung des Rotkreuzgedankens in breiten Gesellschaftsschichten dokumentierte. So existierten bei Ausbruch des Ersten Weltkrieges etwa unter dem Dach des Zentralkomitees der deutschen Vereine vom Roten Kreuz bereits nahezu 6300 lokale und regionale Rotkreuzvereine mit über einer Million Mitgliedern. Ganz ähnlich dicht stellte sich die Organisationsstruktur auch in anderen Staaten dar. So zählte das erst 1881 von Clara Burton gegründete (US-)Amerikanische Rote Kreuz am Ende des Ersten Weltkrieges die ungeheure Zahl von 31 Millionen Mitgliedern (darunter elf Millionen Jugendrotkreuzler), organisiert in 3864 lokalen Vereinigungen.

Nicht zuletzt die mandatsbedingt engen Kontakte mit militärischen und politischen Entscheidungsträgern sowie die von Anfang an verbreitete Praxis einer Personalunion bei hohen Rotkreuzämtern einerseits und politischen sowie gesellschaftlichen Führungspositionen andererseits trugen wesentlich dazu bei, dass die Rotkreuzgesellschaften in vielen Staaten rasch eine Sonderstellung unter den humanitären und später auch karitativen Hilfsorganisationen erobern und diese auch bis heute behaupten konnten. In Deutschland spannt sich der Bogen einer personellen Verflechtung auf höchster Ebene von der Übernahme des Protektorats über den «Preußischen Centralverein» durch König Wilhelm und Königin Augusta (1865) über den General der Kavallerie a. D. Curt von Pfuel, der während des Ersten Weltkrieges Vorsitzender des Zentralkomitees der deutschen Vereine vom Roten Kreuz war, bis hin zum gegenwärtigen (2013) Präsidenten Rudolf Seiters, ehemaliger Bundesminister und Bundestagsvizepräsident. Auch in Österreich, wo stellvertretend auf Alois von Schönburg-Hartenstein (1899–1913) und Max Wladimir von Beck (1919–1938) hingewiesen sei, der Schweiz und vielen anderen Staaten waren die Spitzenpositionen der nationalen Rotkreuzgesellschaft von Anfang an fast durchgehend Repräsentanten der politischen und militärischen Elite vorbehalten. Unmittelbar dem König oblag in Italien gar das Recht zur Ernennung des Präsidenten der nationalen Hilfsgesellschaft.

Der Preis des Erfolgs. Diese besondere Nähe zur Macht sicherte den Rotkreuzgesellschaften zwar einerseits erhebliche Entfaltungsmöglichkeiten für ihr immer umfangreicheres Tätigkeitsspektrum. Sie führte andererseits aber fast zwangsläufig auch zu einer problematischen, gelegentlich auch gefährlichen Identifikation mit dem jeweiligen Herrschaftssystem und seiner politischen und militärischen Agenda. Zunehmend auch institutionell fest eingebunden in die nationale Kriegsplanung, die kolonialen Expansionsbestrebungen vorbehaltlos unterstützend und zumindest als Kollektiv dem nationalistisch-militaristischen

Zeitgeist kritiklos huldigend, wurden die nationalen Rotkreuzgesellschaften in Europa in der Tat alsbald zu einem nicht unbedeutenden Stützpfeiler des politischen und gesellschaftlichen Status quo ihres Heimatstaates. Ob man diese freudige Anbiederung an die Macht wirklich als unvermeidliche Gegenleistung für die Gewährung des «Privilegs» einer umfassenden Erfüllung des Rotkreuzauftrags begreifen und rechtfertigen kann? Auch in gesellschaftspolitischer Hinsicht erwies sich die Rotkreuzbewegung alles andere als eine Speerspitze progressiven Wandels. Das von den «Frauen-Hülfs und Pflegevereinen» kultivierte und propagierte Selbstbild, wonach das «Herz und Gefühl beanspruchende Werk barmherziger Liebe» den Frauen vorbehalten sei und sich im «selbstlosen Dienst lauterer Menschenliebe [...] der wahrhaft religiöse Grundzug des Charakters der deutschen Frauen offenbare», zementierte Geschlechterrollen. Fast zeitgleich (1865) war durch Louise Otto-Peters und Auguste Schmidt in Leipzig der Allgemeine Deutsche Frauenverein (ADV) gegründet worden. Mit den auf soziale Emanzipation und politische Gleichberechtigung gerichteten Zielen und Grundsätzen dieser organisatorischen Keimzelle der Frauenbewegung in Deutschland jedenfalls hatten diese Vorstellungen nichts gemein.

Das Genfer Recht: Denn (auch) unter den Waffen sprechen die Gesetze. Das nur zehn kurze Artikel umfassende Regelwerk der Genfer Konvention von 1864 sollte lediglich den Ausgangspunkt bilden für ein immer dichteres Netzwerk vertraglicher Verpflichtungen, um «die Leiden des Krieges zu mildern» – so die Formulierung der Haager Landkriegsordnung von 1907. Einer Initiative Russlands folgend, waren es ganz im Genfer Geist wohl tatsächlich allein Gründe der Menschlichkeit, welche 20 Staaten schon 1868 dazu veranlassten, mit den Sprenggeschossen einen neuartigen und besonders heimtückischen Waffentypus umfassend zu ächten. Diese Petersburger Erklärung war ein Meilenstein der Völkerrechtsgeschichte, denn erstmals überhaupt unterwarfen sich Staaten damit verbindlich einer Beschränkung bei der Wahl der Mittel zur Kriegführung. Die von

Dunant geprägte Losung «inter arma caritas» (inmitten der Waffen Nächstenliebe) sollte sodann den Haager Erklärungen von 1899 zu Giftgas- und Dumdumgeschossen ebenso zugrunde liegen wie auch allen späteren Waffenverboten: biologische Waffen (1972), Splitterbomben und Brandwaffen (1980), chemische Waffen (1993), Laserwaffen (1995), Antipersonenminen (1997) sowie jüngst Streubomben (2008). Auch insoweit hat es nicht an Kritik gefehlt. Erhöht man durch das Verbot des Einsatzes besonders grausamer Waffen nicht die Wahrscheinlichkeit eines Krieges mit anderen (konventionellen) Mitteln, den man aus Angst vor den verheerenden Folgen der verbotenen Substanzen vielleicht ganz unterlassen hätte? Das aus den traumatischen Erfahrungen des Ersten Weltkrieges geborene Genfer Giftgasprotokoll von 1925 ist hierfür ein gutes Beispiel. Hätte man auf den einen oder anderen «kleinen Krieg» nicht vielleicht ganz verzichtet, wenn man befürchten musste, tausende Soldaten in Wolken aus Chlorgas, Phosgen oder S-Lost zu verlieren? Im Lichte der Rotkreuzphilosophie aber ist auch dieser «präventive Ansatz» einer Humanisierung der Kriegführung konsequent: Letztlich geht es allein darum, die Folgen des Krieges für das Individuum zu minimieren. Ob und aus welchen Gründen Waffen als Mittel der Politik zum Einsatz kommen oder eben auch nicht, das kann aus dieser bewusst beschränkten Perspektive auf das Phänomen des Krieges hingegen keine entscheidende Rolle spielen.

Heute unter dem Namen «Humanitäres Völkerrecht» zusammengefasst, verfolgen Regelungen bzw. Beschränkungen der zulässigen Mittel zur Schädigung des Gegners (sog. Haager Recht) und solche zum Schutz der Konfliktopfer (sog. Genfer Recht) damit letztlich dasselbe Ziel: die Vermeidung unnötiger Leiden im Krieg. Und genauso lautet denn auch seit der Petersburger Erklärung die zentrale Begründung für vertragliche Einschränkungen der Art und Weise der Kriegführung, ebenso wie zuvor bereits für Dunants flammendes Plädoyer für eine Verbesserung der Sanitätsdienste. Auch wenn das Rote Kreuz bis heute seinen Kernauftrag im Bereich des praktischen, aber auch legislativen Opferschutzes sieht, so hat es doch von Anfang an die Entwicklung des gesamten Humanitären Völkerrechts entscheidend gefördert. Dem liegt nicht zuletzt die Einsicht zugrunde, dass sich unter den heutigen Bedingungen der Kriegführung Opfer- und Tätersphäre gar nicht mehr trennscharf unterscheiden lassen. So mögen Antipersonenminen zwar den primären Zweck verfolgen, den Vormarsch eines militärischen Gegners zu erschweren. Opfer dieses Mittels der Kriegführung sind aber in Wahrheit in erster Linie Zivilisten: Von den etwa eine Million Menschen, die in den vergangenen 30 Jahren Opfer von Landminen geworden sind, waren 80 Prozent Zivilisten.

Mangels Staatsqualität konnte das Rote Kreuz zwar regelmäßig nicht selbst Vertreter an den Verhandlungstisch internationaler Konferenzen entsenden. Nicht anders als bereits 1864 war das Komitee aber zumindest im Hintergrund stets mit moralischer Autorität, Expertise und konkreten Initiativen präsent. «Ganz selbstverständlich» hatte so etwa 1879 eine noch junge, aber bereits mit höchstem Renommee ausgestattete Gelehrtenvereinigung, das «Institut de Droit International», eines ihrer Gründungsmitglieder mit der Anfertigung eines Handbuchs zu den Gesetzen des Landkrieges beauftragt: Gustave Moynier, amtierender Präsident des Internationalen Komitees in Genf. Selbstverständlich bildeten dieses Handbuch und verschiedene Beschlüsse der Rotkreuzkonferenzen sodann wichtige Grundlagen und Impulse für die Haager Friedenskonferenzen von 1899/1907, auf denen umfassende Regelwerke zur Land- und Seekriegsführung verhandelt und verabschiedet wurden. Auch wenn sich die Schweiz immer dagegen verwahrte, als bloßes Sprachrohr des Genfer Komitees wahrgenommen zu werden, so hatte die Rotkreuzbewegung mit diesem Staat, dem dank seiner Neutralität bei der Verhandlung von Fragen zu Krieg und Frieden ein hohes politisches und moralisches Gewicht zukam, doch regelmäßig einen wichtigen Fürsprecher für ihre humanitären Anliegen. Auch insoweit konnte eine gewisse personelle Verflechtung nicht schaden. In Den Haag standen 1899 und 1907 mit dem Problem der Kriegsgefangenen, dem Besatzungsrecht sowie der Ächtung bestimmter «barbarischer» Waffen Kernthemen der Rotkreuzbewegung auf der Agenda. Höchst aktive Mitglieder der Schweizer Delegation waren 1899 der Sekretär und spätere Vizepräsident des Genfer Komitees, Edouard Odier, sowie 1907 sodann der erst 31-jährige Max Huber. Dieser sollte 20 Jahre später Präsident des IKRK in Genf werden und die Bewegung durch ihre wohl schwierigste Phase, den Zweiten Weltkrieg, führen.

Auf der Friedenskonferenz des Jahres 1907 drohte das Genfer Werk zum Opfer des Erfolgs der hinter ihm stehenden humanitären Idee zu werden. Mit der «Haager Landkriegsordnung» setzten die Staaten hier einen weiteren Meilenstein auf dem Weg zu einer Humanisierung der Kriegführung. Gab es daneben überhaupt noch Raum für das «alte» Genfer Recht? Diese Frage wurde ernsthaft diskutiert. Und so musste es aus Sicht der Rotkreuzbewegung in der Tat als großer Erfolg gewertet werden, dass die Genfer Konvention ihre Eigenständigkeit und damit ihren spezifischen «Rotkreuzcharakter» behaupten konnte. Ja, einem langjährigen Wunsch des IKRK folgend gelang es auf dieser Konferenz sogar, die Bestimmungen der Genfer Konvention von 1864 auf die Seekriegsführung zu erstrecken.

Im Laufe der Zeit konnte sich das IKRK (im Verbund mit der Schweiz) gar eine Art Monopolstellung für Initiativen zur Fortentwicklung des «Genfer Rechts» erarbeiten: 1906 wurde die Genfer Konvention erstmals revidiert und neben einer inhaltlichen Ausweitung auch Funktion und Stellung der nationalen Hilfsgesellschaften völkerrechtlich anerkannt. In weiteren Etappen (1929, 1949, 1977, 2005) konnte das Genfer Recht sukzessive zu einem umfassenden Regelwerk für alle Opfergruppen (Verwundete, Kriegsgefangene und Zivilbevölkerung) in jeder bewaffneten Auseinandersetzung, welche die Schwelle zum Bürgerkrieg überschritten hatte, ausgebaut werden.

In späteren Jahren boten sich dem IKRK dank seiner zunehmend gefestigten Stellung im internationalen Rechtsraum sowie einer fortschreitenden Öffnung internationaler Verhandlungsprozesse für nichtstaatliche Akteure immer größere Möglichkeiten, unmittelbar Einfluss auf die Fortentwicklung des Humanitären Völkerrechts zu nehmen – und das Komitee nutzte diese Chancen zumeist auch konsequent. Inzwischen hat das Komitee auch die Ächtung von Atomwaffen auf seine Agenda gesetzt; ein Zeichen dafür, dass man in Genf auch hochpolitische Themen und Konflikte mit mächtigen Akteuren nicht mehr scheut.

Bewährung in der humanitären Praxis. Auch was ihre praktische Tätigkeit anging, konnte die Rotkreuzbewegung für die ersten 50 Jahre ihres Bestehens eine beeindruckende Bilanz vorweisen. In den wichtigen europäischen Konflikten war das IKRK durch Delegierte präsent (u.a. Österreich–Preußen 1866; Deutschland–Frankreich 1870/71; Russland–Türkei 1877, Balkankriege 1885 und 1912/13), die nationalen Gesellschafen übernahmen ihrerseits die praktische Sanitätshilfe. Beschränkte materielle, personelle und vor allem logistische Ressourcen – möglicherweise aber auch ein gewisser Eurozentrismus – verhinderten ein energischeres Engagement des Genfer Komitees in den zahlreichen außereuropäischen Konflikten der Zeit. Immerhin mit Appellen und gelegentlich auch Geldleistungen an die nationalen Gesellschaften, die ihrerseits durchaus vor Ort aktiv waren, nahm Genf Anteil am Chinesisch-Japanischen Krieg (1894), dem Spanisch-Amerikanischen Krieg (1898), dem (Zweiten) Burenkrieg (1899–1902) sowie dem Russisch-Japanischen Krieg (1904/05).

Schon 1870 wurde die Schutz- und Hilfstätigkeit mit der Einrichtung eines Korrespondenz- und Nachrichtenbüros (Basel) sowie eines «Internationalen Hilfskomitees für Kriegsgefangene» über die verwundeten und kranken Militärpersonen hinaus behutsam auf eine weitere, von Genfer Konvention und Beschlüssen eigentlich nicht erfasste Opfergruppe erweitert. Noch vor dem Ersten Weltkrieg erteilte die 9. Rotkreuzkonferenz (Washington 1912) dem IKRK dann sogar ganz explizit das Mandat, Hilfssendungen für Kriegsgefangene zu koordinieren und die Verteilung von Hilfsgütern an diese zu überwachen, eine Aufgabe, die in den großen Konflikten des 20. Jahrhunderts erhebliche Bedeutung erlangen sollte. Auch in anderer Hinsicht begann das Komitee sein Mandat bald mit gebotener Vorsicht erweiternd auszulegen. In Übereinstimmung mit anerkannten völkerrechtlichen Grundsätzen ging es ursprünglich ganz selbstverständlich davon aus, dass sein Wirken auf zwischenstaatliche Konflikte beschränkt sein müsse und damit insbesondere Bürgerkriege nicht umfasse. Unter dem Eindruck der von der Türkei seit 1875 mit brutaler Härte niedergeschlagenen Aufstände in Bosnien und Herzegowina wurde diese rigorose Haltung dann aber rasch relativiert. Die von Moynier 1876 für diese Kehrtwende gegebene Begründung ist bemerkenswert und bis heute von unverminderter Aktualität: Die Genfer Konvention sei eben kein gewöhnlicher völkerrechtlicher Vertrag, der nur Rechte und Pflichten zwischen den Parteien begründe. Die Vertragsparteien hätten vielmehr eine Art humanitäres Glaubensbekenntnis abgelegt, welches die Staaten – konkret die Türkei – unter allen Umständen, und damit auch im Falle eines Bürgerkrieges, zu einer menschlichen Kriegführung verpflichte. Mit diesen klaren, aber ganz bewusst nicht zum Gegenstand einer öffentlichen Diskussion gemachten Überlegungen, war Moynier seiner Zeit weit voraus. Eine umfassende Anwendung des Genfer Rechts auch auf interne Konflikte und die damit notwendig verbundene Anerkennung von Rebellen, Separatisten, Freiheitskämpfern, Guerillakämpfern und anderen nichtstaatlichen Akteuren ist in der Tat bis heute ein bloßes Desiderat.

Bereits auf der 2. Rotkreuzkonferenz (Berlin 1869) war dem Genfer Komitee schließlich die Aufgabe anvertraut worden, in regelmäßigen Abständen ein Mitteilungsblatt, das «Bulletin international des Sociétés de la Croix-Rouge», herauszugeben. Neben den weiterhin regelmäßig an die nationalen Gesellschaften versandten Rundschreiben wurde diese Zeitschrift – noch heute unter dem Namen «International Review of the Red Cross» erscheinend – für das Internationale Komitee und seinen Präsidenten Moynier alsbald zu einem wertvollen, ja unverzichtbaren Steuerungsinstrument von praktischer Tätigkeit und inhaltlichen Diskussionen innerhalb der Bewegung. Und Diskussionsstoff war in der Tat von Anfang an in ausreichendem Maße vorhanden: Sollten sich Internationales Komitee und nationale Gesellschaften bei ihrer Tätigkeit auf den Kriegsfall beschränken oder zusätzlich auch Aufgaben in Friedenszeiten übernehmen? Welche Funktion sollte dem Internationalen Komitee zukommen und wie sollte es zusammengesetzt sein? Und schließlich, wie konnte der Zusammenhalt innerhalb der Bewegung gesichert werden? Das zentrale Forum für die Klärung dieser und anderer Grundsatzfragen waren (und sind bis heute) die Internationalen Rotkreuzkonferenzen, von denen bis zum Ausbruch des Ersten Weltkrieges insgesamt neun abgehalten werden konnten (Paris 1867, Berlin 1869, Genf 1884, Karlsruhe 1887, Rom 1892, Wien 1897, St. Petersburg 1902, London 1907 und Washington 1912).

In Berlin kam es 1869 zu einer folgenreichen Weichenstellung. Mit der unscheinbaren Formulierung, wonach «Hülfeleistung in den Nothständen des Friedens für eine lebenskräftige Entwickelung der Hülfs-Vereine notwendig [sei]», ermutigte die Abschlussresolution der Konferenz die nationalen Hilfsgesellschaften dazu, ihre Friedenstätigkeit nicht allein auf kriegsvorbereitende Maßnahmen zu beschränken. Nur dadurch, so lautete das Argument, ließen sich auf Dauer Freiwillige anwerben und deren Motivation aufrechterhalten. Vergeblich hatten IKRK und verschiedene Staatenvertreter davor gewarnt, dass durch ein Engagement auch in «Nothständen des Friedens» – wobei damals in erster Linie an Epidemien gedacht war – der «besondere Zweck der Unterstützung der Verwundeten und Kranken der Land- und Seeheere» in Vergessenheit geraten könnte. Angesichts der faktischen Allzuständigkeit auf dem Gebiet der Wohlfahrtspflege, die von vielen nationalen Gesellschaften – darunter auch dem Deutschen Roten Kreuz – heute wie selbstverständlich in Anspruch genommen wird, ist die Gefahr des Vergessens oder Verdrängens der ideellen Wurzeln der Rotkreuzbewegung aktueller denn je. Nicht Altenpflegedienst und Kinderbetreuung, nicht Rettungsdienst, Wasser- und Bergrettung oder das Blutspendewesen und viele andere wichtige soziale Dienstleistungen sowie vielfältige Katastrophen- und Entwicklungshilfeeinsätze sind es, die den besonderen Charakter der Mitgliedsverbände der Rotkreuzbewegung ausmachen. Ihre rechtliche Privilegierung auf internationaler Ebene, aber auch im nationalen Rechtsraum – etwa durch die Rotkreuzgesetze in Deutschland und Österreich – verdanken diese Verbände vielmehr bis heute einzig und allein der Tatsache, dass sie bereit sind, sich im Kriegsfall den zivilen und militärischen Behörden ihres Heimatstaates als «Hilfsgesellschaften» zur Verfügung zu stellen und sich auch bereits in Friedenszeiten auf einen solchen Einsatz vorzubereiten. Was die Rolle des Genfer Komitees anging, bestand immerhin Einigkeit dahingehend, dass seine fortdauernde Existenz für die Bewahrung und Verbreitung der Grundprinzipien der Rotkreuzidee und die Kommunikation zwischen den nationalen Gesellschaften sowie im Kriegsfall schließlich auch als Auskunfts- und Nachrichtenübermittlungsstelle der Kriegsparteien unverzichtbar war. Ein wie auch immer geartetes Hierarchieverhältnis zwischen Genf und den nationalen Gesellschaften sollte mit der Ausübung dieser Funktionen indes nicht verbunden sein – und ist es bis heute nicht.

Internationalisierung des Genfer Komitees? Eine zweite, bis in die 1880er Jahre hinein kontrovers diskutierte Frage von zentraler Bedeutung für die internationale Rotkreuzbewegung war die personelle Zusammensetzung des Genfer Komitees. Von der optimistischen Hoffnung getragen, dass die nationalen Hilfsgesellschaften und ihre Repräsentanten die Ideale des gemeinsamen Werkes auch im Kriegsfall stets höher stellen würden als «rohen Patriotismus», hatte das Komitee noch Ende der 1860er Jahre selbst vorgeschlagen, die Zahl seiner Mitglieder um je ein Mitglied jeder nationalen Hilfsgesellschaft zu erhöhen. Die Erfahrungen des Deutsch-Französischen Krieges 1870/71 sollten hier rasch einen Sinneswandel herbeiführen. Über seine bereits traditionelle Rolle als Koordinator der Sanitätshilfe der nationalen Hilfsgesellschaften und damit auch sein in der Genfer Konvention fixiertes Mandat hinausgehend, entfaltete das Komitee in diesem Konflikt erstmals auch eine umfangreiche Hilfstätigkeit zugunsten der Kriegsgefangenen. Delegierte konnten mit Hilfssendungen Kriegsgefangenenlager besuchen, täglich wurden 700 bis 800 Briefe zwischen Gefangenen und ihren Angehörigen übermittelt und der Rücktransport von über 2600 Kriegsverwundeten über die Schweiz organisiert. Das Komitee musste sich erstmals aber auch in einer ganz neuen Funktion bewähren: als neutraler Vermittler zwischen den Kriegsparteien, die wegen des Abbruchs der diplomatischen Beziehungen praktisch nicht mehr in der Lage waren, über humanitäre Fragen miteinander zu kommunizieren. Die einzige und durchaus fragile Basis für die Erfüllung dieser delikaten Aufgabe war das Vertrauen der Staaten in die Unabhängigkeit und Neutralität des Genfer Komitees und seiner Mitglieder. Nach dem Ende des Krieges musste das Komitee nun aber besorgt feststellen, dass sich nationale Hilfsgesellschaften in bedingungslosem Patriotismus an die Seite ihrer Regierung stellten und sich ihre höchsten Repräsentanten nicht nur am Propagandakrieg wegen angeblicher oder auch tatsächlicher Verletzungen der Genfer Konvention durch den jeweiligen Kriegsgegner beteiligten, sondern sich auch untereinander aufs Schärfste bekämpften. Der Graben war so tief und die feindselige Sprachlosigkeit auch in der Folgezeit so groß, dass die für 1871 in Wien geplante dritte Internationale Rotkreuzkonferenz abgesagt werden musste und erst 13 Jahre später in Genf nachgeholt werden konnte. Wollte man sich wirklich der sehr realen Gefahr aussetzen, national motivierte Zwietracht in das Komitee selbst hineinzutragen, dieses zu politisieren und damit nicht nur seine Funktionsfähigkeit, sondern vor allem auch seine gerade erst mühsam errungene Position als neutrale moralische Autorität aufs Spiel zu setzen?

In dieser spannungsgeladenen und für die Fortbestand der noch jungen Rotkreuzbewegung existentiell bedrohlichen Situation gab das Genfer Komitee eine im wahrsten Sinne des Wortes konservative Antwort: Das Erreichte, also insbesondere die Genfer Konvention, galt es zu bewahren; neue Initiativen, die fast unweigerlich zu politischen Kontroversen führen mussten, hingegen tunlichst zu unterlassen – zumindest vorerst. Das IKRK ist seiner Rolle als bloßer Wächter des humanitären Grals zwar längst entwachsen und hat inzwischen eine weltweit weitgehend unbestrittene Führungsrolle bei der Fortentwicklung von humanitärem Recht und Politik übernommen. Das vorsichtige und vor allem diskrete Abwägen der politischen Kosten einer humanitären Initiative aber ist bis heute ein Genfer Markenzeichen geblieben.

Die dauerhafte Bewahrung seiner Neutralität und Unabhängigkeit verdankt das Komitee wohl allein der Tatsache, dass ein vom Russischen Roten Kreuz auf der Rotkreuzkonferenz in Karlsruhe (1887) erneut vorgelegter Vorschlag der Ausdehnung der Mitgliedschaft im Komitee auf Nichtschweizer verbunden war mit einem solchen zur Eingliederung der nationalen Hilfsgesellschaften in eine echte, hierarchisch strukturierte internationale Organisation, an deren Spitze das Genfer Komitee stehen sollte. Ihre Unabhängigkeit aber wollten die nationalen Gesellschaften unter keinen Umständen opfern und so einigte man sich schließlich auf eine Beibehaltung des Status quo. Eine in der Retrospektive sicher glückliche Entscheidung, die bis heute Bestand hat. Bereits damals diskutierte Projekte für eine weniger weitgehende Stärkung des institutionellen Zusammenhaltes der Bewegung durch eine Föderation der nationalen Rotkreuzgesellschaften konnten erst in den 1920er Jahren verwirklicht werden. In den Jahrzehnten vor dem Ersten Weltkrieg hatten solche Pläne im zunehmend antagonistischen Klima einer von Militarismus und übersteigertem Nationalismus geprägten (europäischen) Staatenwelt keine Chance auf Verwirklichung.

Und so konnte das Genfer Komitee nicht nur bis heute seine Mononationalität behaupten. Bis 1923 rekrutierten sich seine Mitglieder sogar ganz ausschließlich aus einem noch viel engeren soziokulturellen Milieu, dem protestantisch, liberal-konservativen Genfer Patriziat. Diese außergewöhnliche Homogenität machte bis zum Ersten Weltkrieg jedes Programm oder Organisationsstatut überflüssig. Die im langjährigen Präsidenten Gustave Moynier und dessen Nachfolger Gustave Ador (seit 1910) verkörperte Genfer Tradition reichte für die Entscheidungsabläufe vollkommen aus. Die Aura höchster moralischer Autorität, welche die Mitglieder des Genfer Komitees umgab und die von der «offiziellen» Geschichtsschreibung der Organisation lange Zeit sorgsam gepflegt wurde, darf indes nicht darüber hinwegtäuschen, dass auch die Genfer selbstverständlich keine humanitären Übermenschen waren. Wie ihre Rotkreuzbrüder und -schwestern – Letztere gab es zur damaligen Zeit in Genf noch nicht – auf nationaler Ebene waren sie vielmehr mit all ihren

Stärken, aber eben auch Schwächen ganz Kinder ihrer Zeit. Gustave Moynier etwa, der für nahezu vierzig Jahre wie kein anderer den «Geist der Menschenliebe» des Genfer Komitees verkörperte, war bereits seit Anfang der 1880er Jahre bis zu seinem Tod im Jahre 1910 ein begeisterter Protagonist der euphemistisch als «zivilisatorische Mission» deklarierten belgischen Kolonisation des Kongo. Ob er den 1899 veröffentlichten Roman «Herz der Finsternis» von Joseph Conrad gekannt hat, in dem die ebenso brutalen wie systematischen Exzesse der belgischen Kolonialherrschaft schonungslos offengelegt wurden? Möglicherweise wollte Moynier es auch nicht so genau wissen, denn die Verleihung der Würde eines Generalkonsuls des Kongofreistaates durch den belgischen König Leopold II. und der damit verbundene Aufstieg in den Diplomatenrang waren für ihn dann vielleicht doch ein zu bedeutender Schritt auf der sozialen Leiter.

2. Das Rote Kreuz vor seiner ersten großen Bewährungsprobe: Der Erste Weltkrieg (1914–1918)

Das Komitee vor einer hoffnungslosen Aufgabe? Zu Beginn des Jahres 1914 «residierte» das Internationale Komitee vom Roten Kreuz in zwei kleinen Räumen im Erdgeschoss eines Wohnhauses im Quartier des Tranchées, welches ab der Mitte des 19. Jahrhunderts auf den Festungswällen des alten Genf entwickelt worden war: In der Rue de l'Athenée 3 waren Bibliothek und Archiv des Komitees untergebracht, hier oder auch in der schräg gegenüber gelegenen Stadtwohnung seines Präsidenten (Rue de l'Athenée 8) hielt es seine regelmäßigen Sitzungen ab. Nachdem das Komitee letztmalig während des Deutsch-Französischen Krieges mit bis zu 14 Beschäftigten über einen echten Mitarbeiterstab verfügt hatte, genügten diese bescheidenen Räumlichkeiten nun völlig. Drei große Kisten Material – vor allem der Baseler Agentur – waren die Hinterlassenschaft des Krieges von 1870/71. Die Materialien, die sich in den folgenden Jahrzehnten angesammelt hatten, waren überschaubar und über Mitarbeiter verfügte das Komitee schlichtweg überhaupt nicht mehr. Dies war die Ausgangssituation für die internationale Komponente der Rotkreuzbewegung zu Beginn eines Konfliktes, an dem etwa 40 Staaten direkt oder indirekt beteiligt waren und in dem bis zu 70 Millionen Menschen unter Waffen standen. Der Einsatz neuartiger Technologien (Gaswaffen, Luftkrieg, Maschinengewehre, großkalibrige Geschütze mit einer ungeheuren Zerstörungskraft) und Strategien (Stellungs- und Grabenkrieg, Materialschlachten) sollte nicht nur unter den Soldaten Verluste in bislang unbekanntem Ausmaß fordern. Erstmals war auch die Zivilbevölkerung in signifikantem Maße unmittelbar vom Kriegsgeschehen betroffen. Was konnte ein damals aus neun Mitgliedern bestehender Genfer Honoratiorenverein im Angesicht dieser enormen Herausforderungen überhaupt leisten?

Humanitäre Hilfe in patriotischem Geiste. Im Bereich der praktischen Sanitätshilfe gab es für das Komitee in der Tat nicht viel zu tun. Die nationalen Hilfsgesellschaften erwiesen sich von Anfang an sowohl in materieller als auch propagandistischer Hinsicht als zumeist effiziente und zunehmend unverzichtbare Bestandteile der Kriegsmaschinerie ihrer Heimatstaaten, im Kampfgebiet selbst ebenso wie auch an der «Heimatfront». «[M]it Aufbietung aller Kräfte, des letzten Mannes und der letzten Frau, weil es den Kampf um unsere Existenz gilt, weil wir das Erbe unserer Väter verteidigen müssen gegen scheelsüchtige Feinde, unsere Kultur gegen asiatisches Barbarentum», in diesem Kampf – so das offizielle Verbandsblatt «Das Rote Kreuz» in seiner 1. Kriegsnummer vom 16. August 1914 – habe «das DRK eine gewaltige Aufgabe zu erfüllen». Ein Schlaglicht auf das damalige Selbstbild etwa in Deutschland warfen auch Veröffentlichungen mit Titeln wie «Die Freiwilligen-Armee unter dem Banner des Roten Kreuzes» (1917), welche in großer Auflage vertrieben (hier 115 000 Exemplare) nicht nur die umfassende Militarisierung der Sanitätsdienste dokumentierten, sondern auch die Motivation der kämpfenden Truppe erhalten und steigern sollten. Trotz oder vielleicht gerade auch wegen dieser zu Recht als «unreflektiert kriegsbejahend und nationalapologetisch» (Riesenberger) charakterisierten Grundhaltung vieler nationaler Rotkreuzgesellschaften waren diese bei Erfüllung ihres humanitären Auftrags durchaus erfolgreich. Bestens auf den Krieg vorbereitet vermochte etwa das Deutsche Rote Kreuz (DRK) nicht nur Millionen von Helferinnen und Helfern zu mobilisieren. Es rüstete unter anderem auch 83 große Lazarettzüge aus, vermochte mit Rotkreuzsammlungen und -lotterien erhebliche Geld- und Sachmittel zu beschaffen, unterhielt 3555 Lazarette und Genesungsheime, stellte für eine Million kranke und verletzte Soldaten Kurplätze zur Verfügung und trug damit ganz im Sinne der Rotkreuzidee entscheidend dazu bei, die Leiden der Kriegsopfer so weit wie möglich zu lindern.

Ein anderes fundamentales Prinzip der Rotkreuzbewegung geriet im patriotischen Überschwang indes erheblich unter Druck: dasjenige der Freiwilligkeit. Nicht nur wurde der propagandistische Druck von Staats wegen so groß, dass man sich dem «nationalen Ehrendienst» faktisch kaum mehr entziehen konnte. Auch das DRK, dessen Mitarbeiterzahl allein im Zentralkomitee in Berlin im Laufe des Krieges auf etwa 700 angestiegen war, propagierte eine Generalmobilisierung des deutschen Volkes, wobei es sich selbst natürlich als diejenige Organisation empfahl, mit deren Hilfe alle nicht Wehrpflichtigen «ob Mann oder Frau, Greis oder Kind, Gesunder oder Kranker ... dem Vaterland zum Siege [...] verhelfen» sollten (Das Rote Kreuz, 1915, Nr. 1, S. 7). Mit dem Vaterländischen Hilfsdienstgesetz vom Dezember 1916 geriet dieses Grundprinzip der Rotkreuzbewegung (und damit letztlich auch die Unabhängigkeit der deutschen Rotkreuzorganisation) dann tatsächlich in akute Gefahr, was zumindest in Teilen der Rotkreuzorganisation als inakzeptabel empfunden wurde. Auch beim Werben um die Zeichnung von Kriegsanleihen spielte das DRK eine führende Rolle und war sich dabei völlig darüber im Klaren, dass es sich hierbei um eine eindeutig kriegsverlängernde Maßnahme handelte. Im Lichte der Rotkreuzidee war damit aber dann wohl doch eine rote Linie überschritten. Zur Friedensbewegung hatte man um der Sache willen immer eine kritische Distanz gewahrt. Aber eine aktive Förderung des Krieges war mit den Idealen der Rotkreuzbewegung gleichermaßen unvereinbar. Als eine vielleicht unvermeidliche, aber zweifellos doch bedauerliche Konstante der Menschheitsgeschichte, so hatte die 5. Rotkreuzkonferenz in Rom (1892) die «schreckliche Geißel» des Krieges charakterisiert und diese Haltung seither auch nicht mehr revidiert.

Schwerpunkt Kriegsgefangene. Hatte die patriotische Selbstbezogenheit der nationalen Hilfsgesellschaften im Ersten Weltkrieg damit einen traurigen Höhepunkt erreicht, blieben für eine lenkende oder gar mäßigende Einwirkung aus Genf wohl nur geringe Spielräume. Selbst so bescheidene Versuche wie die in einem Rundschreiben des Komitees vom 30. November 1917 formulierte Idee, die Fortschritte in der Orthopädietechnik zum Nutzen aller Kriegsgeschädigter miteinander zu teilen, blieben ohne positive Resonanz. Und so konzentrierte sich das Komitee auf der Grundlage des ihm zwei Jahre zuvor auf der Rotkreuzkonferenz von Washington erteilten und in der Praxis wiederum erweiternd ausgelegten Mandats ganz auf den Einsatz zugunsten der Kriegsgefangenen – mit unerwartet großem Erfolg. Mit Hilfe der noch im August 1914 gegründeten «Agence internationale des prisonniers» (Internationale Zentralstelle für Kriegsgefangene) und in enger, gerade im deutsch-französischen Verhältnis nicht immer spannungsfreier Zusammenarbeit mit nationalen Dienststellen konnte umfangreiche materielle Hilfe organisiert, vor allem aber ein beispielloser Such- und Auskunftsdienst aufgebaut werden. Bald sollten täglich 2000 bis 3000 Suchanfragen und Briefe die Genfer Agentur sowie – für die deutsch-russische Front – eine 1916 in Kopenhagen eingerichtete Zweitagentur erreichen. Bis zu 1400 zumeist ehrenamtliche Mitarbeiter(innen) – darunter auch berühmte «Exilanten» wie der französische Literaturnobelpreisträger Romain Rolland – sorgten für den Transport von 20 Millionen Briefen und Mitteilungen sowie von fast 1,9 Millionen Paketen und Geldspenden in Höhe von ca. 18 Millionen Schweizer Franken an Kriegsgefangene aller am Konflikt beteiligten Staaten. Dank der Vermittlung der Zentralstelle konnten schließlich etwa 200 000 vor allem schwer verwundete und kranke Gefangene ausgetauscht und 67 000 Opfer in der Schweiz hospitalisiert werden.

Bereits im Jahre 1915 hatten sich die Kriegsparteien geeinigt auf den Austausch «aller Schwerverwundeten und Kranken, deren Gebrechen und Leiden ihre militärische Verwendung im Heeresdienst dauernd oder für absehbare Zeit ausschloss». Initiiert und im engen Zusammenwirken mit der Schweizer Bundesregierung mit großem persönlichen Einsatz sowie diplomatischem Geschick vorangetrieben durch das IKRK (insbesondere seinen Präsidenten Gustave Ador), unter tatkräftiger Unterstützung nationaler Rotkreuzgesellschaften sowie schließlich der Nutzung aller humanitären Ressourcen (u. a. ein Appell Papst Benedikt XV.), sollte das Zustandekommen dieser Vereinbarungen zur Blaupause für alle späteren humanitären Initiativen werden. Lange Lazarettzüge mit Verstümmelten und Geisteskranken, deutlich gekennzeichnet durch ein Rotes Kreuz, rollten in der Folgezeit durch ganz Europa.

Fünf Millionen Schicksale. Grundlage für die umfassenden Aktivitäten des IKRK zugunsten der Kriegsgefangenen waren kleine handgeschriebene Karteikarten, deren Anzahl bis Kriegsende auf nahezu fünf Millionen anwuchs und die jede einzelne ein individuelles Schicksal dokumentiert. So ist hier ein in Göttingen inhaftierter afghanischer Unteroffizier der englischen Armee (Mohamed Shadad-Khan) mit Name und Wohnort seiner nächsten Verwandten (Boran Dhani Basth – Soran bei Kalat) ebenso registriert wie auf der Karte mit der Nummer 64178 ein gewisser Charles de Gaulle, Hauptmann des 33. Französischen Infanterieregiments und 1916 bei Verdun in deutsche Kriegsgefangenschaft geraten. Im Jahre 2007 ist das Archiv der Agentur, dessen Kernstück ebendiese einzigartige Karteikartensammlung bildet, wegen ihrer historischen Bedeutung in das UNESCO-Register «Memory of the World» (Gedächtnis der Menschheit) aufgenommen worden und wird derzeit für den digitalen Zugriff der Öffentlichkeit restauriert und technisch aufbereitet. Auf der eher rudimentären rechtlichen Basis der Haager Landkriegsordnung von 1906 besuchten Delegierte des Internationalen Komitees sowie der Rotkreuzgesellschaften neutraler Staaten schließlich auch zahlreiche Gefangenenlager. Die vorgefundenen Missstände (Ernährung, Bekleidung, Gesundheitsfürsorge) nahm das Komitee zum Anlass für energische Appelle an die Kriegsparteien. Verzichtet werden sollte vor allem auch auf die verbreitete Praxis von Repressalien an den Kriegsgefangenen wegen tatsächlicher, oft genug aber auch nur angeblicher Rechtsverletzungen der jeweils anderen Seite. Es war insbesondere dieser beispiellose Einsatz zugunsten der Kriegsgefangenen, dem das IKRK im Jahre 1917 dann auch seinen ersten Friedensnobelpreis zu verdanken hatte – der einzige Preis, der während des gesamten Krieges vom Osloer Nobelpreiskomitee vergeben wurde.

Jenseits des Mandats. In zweierlei Hinsicht ergriff das Komitee im Verlaufe des Krieges Initiativen, die auch bei sehr großzügiger Auslegung nicht von seinem Mandat gedeckt und daher letztlich allein Ausdruck seiner humanitären Mission waren. So richtete die Genfer Kriegsgefangenenagentur nicht nur einen besonderen Such- und Auskunftsdienst auch für in den Wirren des Krieges verschollene Zivilisten ein. Vielmehr forderte das Komitee für in Feindstaaten oder besetzten Gebieten internierte Zivilpersonen auch eine Gleichbehandlung mit den Kriegsgefangenen – gelegentlich sogar mit Erfolg. Damit war erstmals ganz offiziell – wenn auch noch ohne rechtliche Basis – eine Opfergruppe in den Blick genommen worden, die in der Folgezeit die Hauptlast moderner Kriegführung, die zunehmend auf ein räumlich klar definiertes Gefechtsfeld verzichtete, tragen sollte. Noch aufsehenerregender war die zweite Initiative, nicht nur wegen ihres Inhalts, sondern vor allem wegen ihrer Form. In scharfen Worten («kriminelle Kriegführung») verurteilte das Komitee zu Beginn des Jahres 1918 den Einsatz der Gaswaffen. Es verzichtete dabei allerdings auf jede konkrete Schuldzuweisung, die wohl in erster Linie Deutschland hätte treffen müssen, das bereits 1915 erstmals in großem Maßstab das heimtückische Senfgas (Lost) eingesetzt hatte. Vor allem deswegen erntete dieser Appell erhebliche Kritik und Unverständnis, sollte aber für die Art und Weise des Vorgehens des Komitees ebenfalls zukunftsweisend sein: Allein um die humanitäre Sache sollte es gehen, Schuldzuweisungen waren da wenig hilfreich, ja ganz im Gegenteil zumeist kontraproduktiv.

3. Das Rote Kreuz in Zeiten struktureller und inhaltlicher Neuausrichtung (1919–1929)

Nie wieder Krieg. Die schon früh von Friedrich Engels für den Fall eines großen Krieges prophezeite tiefgreifende Umwälzung der sozialen und politischen Ordnung Europas war eingetreten. Aber nicht nur das. Die traumatische Erfahrung des Ersten Weltkrieges hatte auch die bis dahin ganz unangefochtene Doktrin, wonach der Krieg ein legitimes Mittel nationaler Politik sei, radikal in Frage gestellt. Das belächelte Motto kleiner pazifistischer Gruppen («Nie wieder Krieg») war zu einem zentralen Punkt auf der Agenda nationaler und internationaler Politik geworden. Ein kollektives Sicherheitssystem sollte das Instrument zur «Förderung der Zusammenarbeit unter den Nationen und zur Gewährleistung des internationalen Friedens und der internationalen Sicherheit» sein – so die Formulierung der Präambel der Satzung des Völkerbundes, des 1920 geschaffenen Vorläufers der heutigen Weltorganisation (UNO).

Gründung der Rotkreuzliga. Diese Entwicklungen konnten auch für die Rotkreuzbewegung nicht folgenlos bleiben. Wo war der Platz einer ursprünglich ganz dem Wirken im Krieg gewidmeten Organisation in dauerhaft friedlichen Zeiten, so wie sie damals erwartet oder doch zumindest erhofft wurden? War das lockere, gelegentlich rivalisierende, oft genug aber auch feindselige Nebeneinander der Mitglieder der Rotkreuzbewegung noch die richtige Organisationsform in einer vom Geist zwischenstaatlicher Kooperation geprägten Zeit? Radikale Veränderungen waren in der Tat vonnöten, sollte die Bewegung nicht in der Bedeutungslosigkeit versinken. Bereits am 5. Mai 1919 wurde in Paris als eine Art Dachverband der nationalen Gesellschaften die «Liga der Rotkreuzgesellschaften» gegründet. Diese trägt seit 1991 den Namen «Internationale Föderation der Rotkreuz- und Rothalbmond-Gesellschaften». Um die vielfältigen Aktivitäten der nationalen Gesellschaften effektiver unterstützen und koordinieren zu können, sollte der bis dahin im Wesentlichen nur durch die Rundschreiben des IKRK sowie eine sporadische Kontaktpflege auf den Rotkreuzkonferenzen locker zusammengehaltene Verbund damit eine feste institutionelle Struktur erhalten. Die Mitgliedschaft in der Liga sollte dabei zunächst allein den Gesellschaften der Siegerstaaten offenstehen, eine Beschränkung, die aber sehr bald aufgegeben wurde, stand sie doch in eklatantem Widerspruch zu zentralen Grundsätzen der Rotkreuzbewegung (Gleichberechtigung und Universalität). Seit 1922 hatte die Liga ihren Sitz in Paris, dort, wo ursprünglich auch einmal das Internationale Komitee angesiedelt werden sollte. Man mag dies als einen symbolischen Schritt der Emanzipation und Abgrenzung vom IKRK werten. Bei Kriegsausbruch 1939 jedenfalls kehrte die Liga nach Genf zurück und ist dort bis heute ansässig.

Die Initiative zur Gründung der Liga war – ganz ähnlich und parallel zu der von US-Präsident Woodrow Wilson angeregten Gründung des Völkerbundes – von einem Amerikaner ausgegangen: Henry Pomeroy Davison, Vorsitzender des «War Council» des Amerikanischen Roten Kreuzes. Die exzellenten Kontakte dieses Mannes zum Weißen Haus in Washington sind wohl auch die Erklärung dafür, dass dem Roten Kreuz ein ganzer von insgesamt nur 26 Artikeln der Völkerbundsatzung gewidmet ist:

> «Die Bundesmitglieder verpflichten sich, die Einrichtung und das Zusammenarbeiten anerkannter freiwilliger nationaler Organisationen des Roten Kreuzes zur Hebung der Gesundheit, die Verhütung von Krankheiten und die Milderung der Leiden der Welt zu fördern und zu begünstigen.» (Art. 25).

Inhaltliche Neuausrichtung. Ganz im Sinne der friedlich-kooperativen, gelegentlich gar euphorische Züge annehmenden Aufbruchsstimmung der unmittelbaren Nachkriegszeit («Erdballgesinnung») war damit gleichzeitig auch eine völlige inhaltliche Neuausrichtung der Rotkreuzbewegung bezeichnet. Friedensaktivitäten, bis dahin nur ergänzende – wenn auch in der Praxis immer bedeutsamere – Bestandteile des primär kriegsvorbereitenden Aufgabenspektrums, sollten ganz ins Zentrum der Aufmerksamkeit der in den Rotkreuzvereinen organisierten Zivilgesellschaft rücken: Verhütung und Bekämpfung von Krankheiten, Hilfe bei Katastrophen, Kampf gegen Hunger und Armut, Unterstützung von Flüchtlingen sowie ganz allgemein die Förderung eines menschenwürdigen Daseins sowie die Verbreitung humanitärer Prinzipien und Werte – an möglichen Tätigkeitsfeldern mangelte es damals wie heute in der Tat nicht. Der Unterstützung der nationalen Gesellschaften bei der Erfüllung dieser Aufgaben sowie ihrer Koordination bei internationalen Einsätzen diente die Liga und dient heute die Föderation. Von der Typhus-Epidemie und Hungersnot in Polen unmittelbar nach Kriegsende, der Erdbebenhilfe in Japan (1923) bis hin zu großen Impfaktionen, Luftbrücken bei Hungersnöten und dem von der Föderation koordinierten und mit über 20 000 Helfern bislang größten Hilfseinsatz nach der Tsunami-Katastrophe im Indischen Ozean am 26. Dezember 2004 reicht die lange Liste der seit über 90 Jahren durchgeführten humanitären und karitativen Hilfsaktionen. Im Jahre 1961 ist auch diese Form der Friedensarbeit vom Nobelpreiskomitee in Oslo zu Recht als preiswürdig anerkannt worden.

Rolle des IKRK. Damit stellte sich Anfang der 1920er Jahre aber natürlich ganz zwangsläufig die Frage: Hatte das Internationale Komitee in Genf in dieser neuen Konzeption der Rotkreuzarbeit überhaupt noch einen Platz, und wenn ja – worin konnte seine Rolle bestehen? In der Völkerbundsatzung jedenfalls findet diese Institution keine Erwähnung. Für eine dem Ziel eines friedlichen Zusammenlebens der Völker verpflichtete Weltorganisation war dies letztlich auch nicht wirklich verwunderlich. Genf war zu Recht alarmiert. In seinem am 20. Mai 1919, also wenige Tage nach Gründung der Liga, versandten 182. Rundschreiben ist zwar von «ernsthafter Sympathie» sowie «wirklicher Zustimmung» für diese Initiative von ursprünglich nur fünf Rotkreuzgesellschaften der Hauptsiegermächte die Rede.

Aber die Sorge um die Einheit und Universalität der Bewegung, insbesondere aber seine eigene Führungsrolle, überwog doch deutlich: «Das Internationale Komitee bleibt das zentrale Organ der Rotkreuzgesellschaften, so wie es auf der Grundlage einer ganzen Serie von Beschlüssen der Rotkreuzkonferenzen immer gewesen ist. Der neu geschaffene Organismus darf das Komitee nicht verdrängen, sondern (allenfalls) den Aktionsradius des Komitees ausbauen und erweitern.» Mit diesem selbstbewusst formulierten Führungsanspruch waren Konflikte vorprogrammiert und sollten Fragen der Koexistenz von Liga und IKRK denn auch – wenig überraschend – das beherrschende Thema der Rotkreuzkonferenzen der Jahre 1921, 1923 und 1926 sein.

Für das Genfer Komitee selbst galt es aber zunächst, seine eigenen organisatorischen Strukturen den neuen Herausforderungen anzupassen, ja entsprechende Strukturen überhaupt erst zu schaffen. Die seit mehr als 50 Jahren ganz formlos und ohne fest umrissenes Programm allein auf der Basis eines gemeinsamen Ethos und informeller Absprachen von seinem Präsidenten mehr oder weniger autoritär gesteuerte Honoratiorenvereinigung musste bereits 1915 in eine juristische Person schweizerischen Rechts umgewandelt werden. Mangels Rechtspersönlichkeit hätte das Komitee andernfalls gar keine Arbeitsverträge mit den vielen Mitarbeitern abschließen können, die während des Ersten Weltkrieges eben nicht mehr nur ehrenamtlich in Genf und andernorts für das IKRK tätig waren. Im Jahre 1921 gab sich das Komitee dann erstmals auch eine echte Satzung, in der nicht nur die internen Entscheidungsprozesse in klarer und transparenter Weise fixiert wurden. Zum ersten Mal überhaupt wurde hier vielmehr auch ein echter Aufgabenkatalog definiert. Dabei ging das Komitee über seine traditionelle Rolle als Zentralorgan der Rotkreuzbewegung und Vermittler zwischen den Rotkreuzgesellschaften, als Hüter der Rotkreuzprinzipien sowie als diejenige Stelle, die im Kriegsfall alle Kräfte zum Schutz der Kriegsopfer bündeln sollte, weit hinaus. Ganz explizit fühlte es sich nun auch dem Los der Schwachen und Kranken verpflichtet – und zwar in Krieg und Frieden. Die drohende Konkurrenz der Liga auf dem zukunftsträchtigen Gebiet der Sozialdienstleistungen im weitesten Sinne hat hier sicher förderlich gewirkt.

Ein neues institutionelles Gleichgewicht. Der schwelende Strukturkonflikt – Fusion, hierarchischer Ordnung, oder ein Kooperationsmodell, das Liga und Komitee ihre Unabhängigkeit und Autonomie bewahrte – konnte erst 1928 auf der Rotkreuzkonferenz in Den Haag beigelegt werden. Der neue IKRK-Präsident, Max Huber, hatte mit Unterstützung von Paul Draudt, Vizepräsident sowohl des DRK als auch der Liga der Rotkreuzgesellschaften, ein Modell erarbeitet, das allgemeine Anerkennung fand. Nach den Statuten von 1928 sollte die Bewegung «Internationales Rotes Kreuz» (heute: «Internationales Rotes Kreuz und Roter Halbmond») aus drei institutionell voneinander unabhängigen Teilen bestehen: den nationalen Rotkreuzgesellschaften, dem Internationalen Komitee sowie der Liga der Rotkreuzgesellschaften. Die Einheit der Bewegung sollte durch eine im Regelfall alle vier Jahre abgehaltene und mit «höchster beratender Autorität» ausgestattete Rotkreuzkonferenz sichergestellt werden. Ein Recht, in die internen Belange von Komitee, Liga oder nationalen Gesellschaften einzugreifen, sollte dieser Konferenz indes nicht zustehen. Kompetenzen von Komitee und Liga werden sorgfältig aufgelistet und eine Pflicht zur Kooperation der beiden Institutionen statuiert, die ihrerseits in keinem wie auch immer gearteten Hierarchieverhältnis zueinander stehen sollten. Das Komitee konnte seine traditionelle Rolle behaupten, die Koordinationsfunktionen in Friedenszeiten und die sonstigen in ihrem Statut von 1919 niedergelegten Aktivitäten der Liga wurden anerkannt. Ganz bewusst am Jahrestag der Publikation von Henry Dunants «Eine Erinnerung an Solferino», dem 8. November 1986, ist ein neues, 1995 und 2006 erneut geringfügig modifiziertes Statut in Kraft getreten. An der Grundkonzeption von 1928 – einem sorgfältig austarierten institutionellen Gleichgewicht – hat es aber nichts geändert. Vielleicht bedurfte es ja tatsächlich eines nicht unmittelbar mit dem Genfer Erbe belasteten Außenseiters, des Züricher Völkerrechtlers Max Huber, um diese für den Zusammenhalt, ja den

Fortbestand der Bewegung zentrale Vereinbarung erfolgreich zum Abschluss zu bringen. Zumindest innerhalb der Bewegung war damit die Grundlage für einen dauerhaften Friedenszustand gelegt.

Genf: Den nächsten Krieg im Blick. In der realen Welt haben Völkerbundsatzung und später der Kriegsächtungsvertrag von 1928 (Briand-Kellogg-Pakt) dies bekanntermaßen nicht vermocht. Eine durch eine relative Waffenruhe begünstigte pazifistische Grundstimmung und eine überwältigende Vielfalt sozialer und gesundheitspolitischer Herausforderungen ließen in (West-)Europa den Krieg in den 1920er Jahren aber zunächst tatsächlich gedanklich in weite Ferne rücken. Insbesondere die Bewältigung der Folgewirkungen der von massiven politischen Umwälzungen betroffenen ost- und südosteuropäischen Staaten (Auflösung von Habsburger- und Osmanischem Reich, Russische Revolution) band alle verfügbaren humanitären Kräfte. Und so blieb es (erneut) dem Internationalen Komitee und seiner weniger durch Optimismus als durch Realismus geprägten Weltsicht vorbehalten, den Krieg als eine nach wie vor reale Gefahr nicht in Vergessenheit geraten zu lassen. Man ließ sich in Genf nicht von den auch in der Bewegung selbst verbreiteten überoptimistischen Zukunftshoffnungen anstecken und forderte, aus den Erfahrungen des Ersten Weltkrieges Konsequenzen für eine Weiterentwicklung des Humanitären Völkerrechts zu ziehen. Das Genfer Giftgasprotokoll (1925) und die Genfer Abkommen über Verwundete und Kranke einerseits und Kriegsgefangene andererseits (1929) sind in der Tat das Ergebnis einer intensiven Lobbyarbeit und der Vorbereitung praktisch unterschriftsreifer Vertragsentwürfe durch das Komitee. Die Abkommen von 1929 sollten im Zweiten Weltkrieg die zentrale Legitimitätsgrundlage für das Wirken des IKRK bilden und auch das Protokoll von 1925 mag zumindest dazu beigetragen haben, dass es im nächsten großen Weltkonflikt keine Seite wagen sollte, chemische oder bakteriologische Waffen einzusetzen.

Im wahrsten Sinne fatale Folgen sollte es indes haben, dass es dem IKRK in der Zwischenkriegszeit trotz intensiver Bemühungen auf allen Ebenen nicht gelang, ein verbessertes Schutzregime für die Zivilbevölkerung durchzusetzen. Erst im Juni 1939 lag ein entsprechender Vertragsentwurf vor. Zu spät, denn wenige Wochen später brach der Zweite Weltkrieg aus. Durch die Art und Weise der Kriegführung (Flächenbombardements, Vernichtungskrieg im Osten) und im Schatten des Kriegsgeschehens (Massenmord in den Konzentrationslagern) sollte der Zivilbevölkerung erstmals in einem großen europäischen Krieg in wirklich systematischer Weise unerhörtes Leid zugefügt werden. Jedenfalls von Rechts wegen waren den Möglichkeiten humanitärer Hilfe zugunsten dieser großen Opfergruppe damit in der Tat sehr enge Grenzen gesetzt. Dies wird man dem IKRK ganz sicher nicht zum Vorwurf machen können. Ob das Genfer Komitee in der einen oder anderen Situation mit etwas mehr Mut, Phantasie, Kreativität oder einfach auch nur der spontanen Empathie eines Henry Dunant nacheifernd sein Mandat auch in diesem Krieg – wie ja bereits mehrfach erfolgreich erprobt – «im Dienste der Menschlichkeit» erweiternd hätte auslegen können oder gar müssen, ist eine ganz andere und bis heute viel diskutierte Frage.

4. Das Rote Kreuz und die Konflikte der Zwischenkriegszeit

Kleine Kriege. Der pazifistische Traum einer Weltordnung, in der alle Konflikte auf friedlichem Wege gelöst würden, war bald ausgeträumt. Auch ein fast 20 Jahre währender Friedenszustand zwischen den Staaten Europas kann und darf darüber nicht hinwegtäuschen. Winston Churchill charakterisierte die Situation nach 1918 mit den treffenden Worten: «Der Krieg der Giganten ist zu Ende, der Hader der Pygmäen hat begonnen.» Dieser «Hader» aber war – zumal aus der Opferperspektive – alles andere als belanglos, wie die etwas verharmlosende Formulierung suggerieren mag. Ganz im Gegenteil: Bereits unmittelbar nach dem Weltkrieg wurden in den bürgerkriegsähnlichen Zuständen in Oberschlesien (1920/21) und an anderen Orten Europas, vor allem aber während des blutigen und langwierigen russischen Bürgerkriegs (1917/18–1920) die einstmals relativ klaren Grenzen zwischen militärischer und ziviler Sphäre weiter verwischt – mit erheblichen Konsequenzen gerade auch für das Wirken des Roten Kreuzes. Die unmittelbar am Kampfgeschehen beteiligten nichtstaatlichen Akteure – Partisanen, Aufständische, Freischärler und andere «irreguläre» Kämpfer – fielen formal nicht unter das ganz auf den klassischen Zwischenstaatenkrieg zugeschnittene Genfer Schutzregime und waren damit im Falle von Verwundung oder Gefangennahme jedenfalls von Rechts wegen hilflos staatlicher Willkür ausgeliefert. Auch die Gefährdungslage der «echten» Zivilbevölkerung – für die auf internationaler Ebene ebenfalls ein adäquates Schutzregime fehlte – hatte sich durch die neue Form «kleiner Kriege» erheblich vergrößert. Leib, Leben und Eigentum von Zivilisten war nicht nur durch teilweise grausame und völlig überzogene staatliche Repressalien wegen tatsächlicher oder auch nur angeblicher Unterstützung von Rebellen bedroht. Mangels klarer Frontlinien und Schlachtfelder wurden Unbeteiligte zunehmend unmittelbar zu Opfern des Kampfgeschehens. Getroffen durch eine verirrte Kugel, soll die aus Sorge um ihr Hab und Gut unvorsichtig aus dem Fenster ihres Hauses blickende Antonia Savio Cerini am 24. Juni 1859 das einzige zivile Opfer der großen Schlacht bei Solferino gewesen sein. Diese Zeiten waren endgültig vorbei.

Spanischer Bürgerkrieg. Bürgerkriege haben die Eigenschaft, dass sie regelmäßig mit besonderer Erbitterung und Grausamkeit geführt werden, droht dem Verlierer doch hinsichtlich seines gesamten politischen, wirtschaftlichen, sozialen und kulturellen Lebens dauerhafte und bedingungslose Unterwerfung unter den Willen des Siegers. Zudem dienten und dienen gewaltsame Auseinandersetzungen unterhalb der Schwelle eines internationalen Konflikts oftmals auch als «ideales» Experimentierfeld zur Vorbereitung eines «echten» Krieges. Für beide Phänomene bildet der Spanische Bürgerkrieg von 1936–1939 ein ebenso markantes wie trauriges Beispiel. Das jahrelange brutale Ringen zwischen Republikanern und den rechtsgerichteten Putschisten um General Franco um die Macht in Spanien führte zu einer beispiellosen Welle von Solidaritätsbekundungen der intellektuellen, schriftstellerischen und künstlerischen Elite Europas zugunsten der spanischen Republik. Ein Bild von Pablo Picasso, welches die schrecklichen Folgen des Luftangriffs der deutschen Legion Condor auf eine kleine nordspanische Stadt – Guernica – bildgewaltig dramatisiert, ist gar zu einer Ikone der Antikriegsmalerei des 20. Jahrhunderts geworden. Die Gründe für sein Engagement, das sich etwa auch im Vertrieb der satirischen Flugblätter «Traum und Lüge Francos» manifestierte, hat der Künstler im Dezember 1937 wie folgt erläutert: «Der mit geistigen Werten lebt und umgeht, [kann sich] angesichts eines Konflikts, in dem die höchsten Werte der Humanität und Zivilisation auf dem Spiel stehen, [...] nicht gleichgültig verhalten.» Nichts anderes aber konnte und musste natürlich «erst recht» für die Rotkreuzbewegung gelten. Deren programmatisches Leitbild «inter arma caritas» knüpfte ja nicht an die Art und Weise der Gewaltausübung an – zwischenstaatlicher Krieg oder «nur» Bürgerkrieg –, sondern nahm allein die Opfer und ihr Leiden in den Blick. Als die ersten Nachrichten vom Geschehen in Spanien im August 1936 Genf erreichten, zögerte das Komitee denn auch nicht lange: «Das Internationale Rote Kreuz kann nicht gleichgültig bleiben, wenn irgendwo Männer, Frauen und Kinder leiden» – so wird die spontane Reaktion des Präsidenten Max Huber überliefert.

In einem beispiellosen Kraftakt finanzieller, personeller und logistischer Natur sowie mit viel diplomatischem Geschick bemühte sich das Internationale Komitee im Verbund mit über 40 nationalen Rotkreuzgesellschaften in der Folgezeit denn auch in diesem innerstaatlichen, durch die Einmischung zahlreicher ausländischer Staaten allerdings stark internationalisierten Konflikt, Hilfe für Verwundete und Gefangene ebenso wie auch für die Zivilbevölkerung zu organisieren: Klassische Sanitätshilfe, Gefangenenaustauch sowie die Evakuierung von Zivilisten wurden ermöglicht durch großzügige Spenden, insbesondere aus den USA und lateinamerikanischen Staaten, die ihrem Mutterland noch immer in besonderer Solidarität verbunden waren. Von unschätzbarem Wert, da oftmals die einzigen Kommunikationskanäle überhaupt, waren erneut die vom IKRK auf beiden Seiten der Front eingerichteten Auskunftsstellen (Nachrichtenbüros): Dank mehr als fünf Millionen übermittelter Nachrichten konnte nicht nur Klarheit über das Schicksal hunderttausender kampfunfähiger, das heißt verwundeter oder gefangener Kriegsteilnehmer, aber auch Zivilinternierter geschaffen, sondern auch unzählige Familienzusammenführungen organisiert werden.

Nicht alle Ziele konnten erreicht werden, gerade was den Schutz der Zivilbevölkerung anging. Die verbreitete Praxis von Geiselnahmen und die wahllose Bombardierung der Städte etwa stellten die Hilfswilligen vor enorme Herausforderungen, für die wirklich zufriedenstellende Lösungen nur ausnahmsweise gefunden werden konnten. Eine davon war die Einrichtung sogenannter neutraler Zonen, in der die Zivilbevölkerung Schutz vor den immer verheerenderen Luftangriffen finden sollte. Tatsächlich konnten auf Initiative des Internationalen Komitees derartige Zonen für Salamanca und Madrid eingerichtet werden, für Barcelona und Valencia hingegen scheiterte eine entsprechende Vereinbarung am Widerstand der nationalistischen Junta. Möglichkeiten und Grenzen der Rotkreuzarbeit im Krieg wurden hier exemplarisch deutlich: Mit hartnäckiger Überzeugungsarbeit, diplomatischem Geschick sowie vertrauensbildenden Maßnahmen und praktischer Hilfestellung kann die Rotkreuzorganisation mit einigermaßen großer Aussicht auf Erfolg auf die Erreichung ihrer humanitären Ziele hinarbeiten. Den hierfür in den allermeisten Fällen notwendigen Konsens der Kriegsparteien erzwingen kann sie indes nicht.

Als zukunftsweisender Dreh- und Angelpunkt des dennoch insgesamt deutlich mehr als weniger erfolgreichen humanitären Großeinsatzes des Roten Kreuzes im Spanischen Bürgerkrieg sollten sich die bis zu neun festen Delegationen des Genfer Komitees erweisen. An den wichtigsten Orten beiderseits der immer unübersichtlicheren Frontlinie stationiert – und mit mehr als 50 Mitarbeiter(inne)n teilweise auch von beachtlicher Größe –, wurden diese Delegationen allesamt geleitet von Schweizer Staatsangehörigen. In einem Konflikt, an dem ein Großteil der europäischen Staaten zumindest indirekt in einer Sympathisantenrolle für die eine oder andere Seite beteiligt war, erwies sich diese «neutrale» Herkunft der Rotkreuzdelegierten als eigentliches Erfolgsrezept – und wurde so für mehr als 50 Jahre zum Vorbild für alle künftigen Einsätze des Internationalen Komitees in Kriegs- und Krisengebieten. Im August 1936 vom IKRK auf eine Erkundungsmission ins Krisengebiet nach Spanien entsandt, konnte es nur einer so integren und nicht zuletzt auch wegen seiner Schweizer Herkunft als «neutral» anerkannten Persönlichkeit wie dem Arzt Marcel Junod gelingen, beide Seiten von der Notwendigkeit der Beachtung humanitärer Mindeststandards zu überzeugen und sich in den Abkommen von Madrid (Republikaner) und Burgos (Nationalisten) auch verbindlich zu deren Einhaltung zu verpflichten. Gerade für die legitime republikanische Regierung in Madrid war diese indirekte Anerkennung der Putschisten als Gegner, die jedenfalls unter humanitären Gesichtspunkten als gleichwertig zu behandeln waren, alles andere als eine Selbstverständlichkeit: ein Beispiel, das leider viel zu selten Schule macht. Oder hätte man sich nach 9/11 Ähnliches im Verhältnis von USA und Taliban vorstellen können? Auf unorthodoxem Wege war damit jedenfalls für den konkreten Konflikt auch eine völkerrechtlich tragfähige Basis für das humanitäre Engagement des Roten Kreuzes geschaffen worden. In einer beispiellosen Pendeldiplomatie, bei der mehr als einmal die Grenzen des nach wie vor engen Mandats nicht nur bis aufs Äußerste strapaziert, sondern mit lutherischer Standfestigkeit («Hier stehe ich, ich kann nicht anders») auch immer wieder bewusst überschritten wurden, erarbeiteten sich der «Chefgesandte» aus Genf und die anderen Schweizer Delegierten samt ihren Mitarbeitern und Mitarbeiterinnen einen Respekt, der nicht nur zahlreichen Konfliktopfern Leben und Freiheit schenken sollte. Auch das Gesamtbild des Internationalen Komitees vom Roten Kreuz in der Öffentlichkeit sollte durch diesen Einsatz in nachhaltiger Weise positiv geprägt werden.

Die ausgedehnte Schutz- und Hilfstätigkeit des IKRK im Spanischen Bürgerkrieg machte eindringlich deutlich, dass angesichts immer komplexerer und langwierigerer Konfliktszenarien erfolgreiche Rotkreuzarbeit ohne einen ständigen Mitarbeiterstab nicht länger möglich sein würde. Auf nationaler wie auch auf internationaler Ebene galt: Bestens ausgebildete, hoch motivierte und bis an die Grenze der Selbstaufgabe engagierte Männer und Frauen würde man ohne professionelle Rahmenbedingungen nicht dauerhaft an das Rote Kreuz binden können. Menschen wie Marcel Junod, die bereit und in der Lage waren, sich zeitlich befristet aus ihrem eigentlichen beruflichen Umfeld zu lösen und als Freiwillige der Aufforderung «Wir brauchen jemanden, der sich dorthin begibt, um nachzusehen, was sich machen lässt» (Max Huber), spontan Folge zu leisten, konnten nur Ausnahmeerscheinungen sein. Als die ersten beunruhigenden Nachrichten aus Spanien im August 1936 Genf erreichten, befand sich ebenjener Junod in der Tat nur ganz zufällig am Sitz des Internationalen Komitees, um dort vor der Rückkehr in sein «normales» Berufsleben als Krankenhausarzt über seine soeben abgeschlossene Mission im Abessinienkrieg Bericht zu erstatten. Nur mit Mühe konnte er dazu überredet werden sich unverzüglich erneut auf eine – so das Lockmittel des IKRK-Präsidenten Max Huber – doch nur ganz kurze Erkundungsmission auf die Iberische Halbinsel zu begeben: Aus dem ursprünglich auf maximal drei Wochen angesetzten Einsatz sollten drei lange Jahre werden.

Abessinienkrieg. Dabei hatte Junod nach seinem Äthiopieneinsatz wirklich allen Grund, sich nach seinem heimischen Arbeitsplatz – dem Spital in Mühlhausen – zu sehnen. Unter teilweise schwierigsten Umständen war er unmittelbarer Zeuge eines ungleichen Kampfes geworden, in dem das faschistische Italien bei seinem Überfall auf Äthiopien (1935/36) seine technologische Überlegenheit rücksichtslos ausnutzte. Flächenbombardements, die auch Wohnviertel und Sanitätseinrichtungen nicht aussparten, sowie Giftgasangriffe, bei denen schätzungsweise 15 000 abessinische Soldaten getötet oder verwundet wurden, waren nur die schlimmsten Auswüchse einer Kriegführung, die mit geltenden Regeln des Kriegsvölkerrechts unvereinbar war. Dieser Konflikt stellte die Rotkreuzbewegung in mehrfacher Hinsicht vor eine schwere Bewährungsprobe. Zunächst einmal galt es Neutralität zu wahren in einem Konflikt, in dem die Frage der Kriegsschuld so eindeutig zu beantworten war. Dennoch, das Internationale Komitee bot seine Hilfe beiden Seiten gleichermaßen an, dem Aggressor ebenso wie dem Opfer. Das Italienische Rote Kreuz verzichtete wegen ausreichender eigener Mittel, das erst wenige Wochen zuvor gegründete und von Genf anerkannte Abessinische Rote Kreuz hingegen nahm medizinische und finanzielle Hilfe in erheblichem Umfang dankbar an. Insgesamt 28 nationale Rotkreuzgesellschaften folgten einem entsprechenden Appell aus Genf, sechs von ihnen (Ägypten, England, Finnland, Holland, Norwegen und Schweden) entsandten sogar eigene Ambulanzen samt Fahrzeugen und Sanitätsflugzeugen nach Äthiopien. Der Solidaritätsverbund Rotes Kreuz bewährte sich hier erstmals in großem Maßstab in einem außereuropäischen Konflikt. Zwar hatte das Internationale Komitee auch im seit 1932 andauernden Chinesisch-Japanischen Krieg durch einige wenige Delegierte Präsenz gezeigt. In einem kulturell und politisch schwierigen, ja angesichts der Dimensionen eines Konflikts, in dem sich über drei Millionen Soldaten auf einem Gebiet halb so groß wie Europa gegenüberstanden, letztlich hoffnungslosen Umfeld war dieser Mission allerdings kein großer Erfolg beschieden.

In eine diplomatisch schwierige Situation geriet das Komitee durch seine Entscheidung, dem Völkerbund zwecks Prüfung möglicher Sanktionen die Aushändigung der von Marcel Junod sowie Mitarbeitern der schwedischen Ambulanz angefertigten Augenzeugenberichte über die italienischen Giftgasangriffe zu verweigern. In einem Schreiben vom 24. April 1936 an den Generalsekretär des Völkerbundes rechtfertigte Max Huber diesen Schritt, der auch in der Öffentlichkeit weitgehend auf Unverständnis traf, wie folgt:

> «Das Ziel des IKRK ist ausschließlich humanitärer und unpolitischer Natur: Das Komitee muss seine Anstrengungen in erster Linie darauf

richten, die Leiden der Kriegsopfer zu lindern. Um dieses Ziel zu erreichen, muss es peinlich genau darauf bedacht sein, vertrauliche Beziehungen zu den Konfliktparteien zu unterhalten.»

Unzweifelhaft war und ist die Vertraulichkeit der Delegiertenberichte eine wesentliche Voraussetzung dafür, dass die Konfliktparteien überhaupt dazu bereit sind, die Präsenz des Roten Kreuzes an und unmittelbar hinter den Frontlinien zu dulden. Vor dem Hintergrund der ungleich größeren Gräueltaten, die während und im Schatten des Zweiten Weltkrieges begangen worden sind und die dem IKRK teilweise vertraulich zur Kenntnis gelangten, verwundert es dennoch natürlich nicht, dass diese bis heute aufrechterhaltene, weitgehend kompromisslose Vertraulichkeitspolitik immer wieder Anlass zu erheblichen Irritationen, ja teilweise harscher Kritik gibt. Dem Vorwurf, durch Schweigen Mitverantwortung auf sich zu laden, muss sich das Internationale Komitee stellen. Vertrauensbildung ist ein unverzichtbares Mittel zur Erfüllung des humanitären Zweckes. Aber stets mag dieser zweifellos gute Zweck dieses Mittel sicher nicht zu heiligen: Hier im Einzelfall die nicht nur rechtlich, sondern vor allem auch moralisch richtigen Grenzlinien zu definieren, das gehört zweifellos zu den schwierigsten und verantwortungsvollsten Aufgaben der Mitglieder des Komitees.

Eine für die Rotkreuzbewegung besonders schmerzhafte Erfahrung der kriegerischen Auseinandersetzungen der 1930er Jahre war die Erkenntnis, dass eine Reihe nationaler Gesellschaften nach dem kurzen kosmopolitischen Frühling des vorangegangenen Jahrzehnts erneut zu weitgehend kritiklosen Sprachrohren der zunehmend aggressiv-expansionistischen Politik ihrer Heimatstaaten geworden waren. Die polemischen Auseinandersetzungen zwischen Italienischem und Abessinischem Roten Kreuz sind nur ein wenn auch besonders deutliches Beispiel dafür, wie sehr antidemokratisch-totalitäres Denken und Handeln die gemeinsamen humanitären Ideale in den Hintergrund zu drängen drohte. Verschiedene nationale Komponenten der Rotkreuzbewegung erwiesen sich damit erneut als unwillig und unfähig, sich einem unheilvollen politischen Zeitgeist zu entziehen, der im nationalsozialistischen Größen- und Rassenwahn münden sollte.

5. Das Rote Kreuz und der Nationalsozialismus

Abschied vom Humanitätsideal. Es muss eine außergewöhnlich dramatische Sitzung gewesen sein an diesem 21. September 1933 am Sitz des Internationalen Komitees in Genf. Sichtlich betroffen, vielleicht sogar bereits ein wenig resignierend, resümierte dessen Präsident die Lage wie folgt: «... es besteht eine Verfinsterung des humanitären Gefühls. Wir leben in einer Atmosphäre, die der Grundidee des Roten Kreuzes wenig günstig ist. Viele nationale Gesellschaften stehen in einem engeren Verhältnis zu ihrer Regierung, als es wünschenswert wäre.» Konkreter Gegenstand der Beratungen war die Lage in Deutschland – und insoweit war die Bestandsaufnahme von Max Huber wohl eher noch wohlwollend-beschönigend. In der Tat kann man sich kaum ein deutlicheres Gegensatzpaar vorstellen als dasjenige zwischen einer der Humanität und internationalen Solidarität verpflichteten unabhängigen, dezentral und pluralistisch organisierten Weltorganisation einerseits und einem durch Rassismus, Intoleranz, Menschenverachtung und maßlos übersteigerten Nationalismus geprägten straff organisierten «Führerstaat» andererseits. Das nationalsozialistische Gewaltregime, so wie es sich in Deutschland seit dem 30. Januar 1933 mit überraschender Geschwindigkeit umfassend durchzusetzen vermochte, musste die Rotkreuzbewegung damit zwangsläufig vor bislang unbekannte Herausforderungen stellen – auf nationaler Ebene ebenso wie auf internationaler. Der Schock saß tief über die bereits sehr rasch in Genf registrierten ungeheuerlichen Vorgänge in einem Staat im Herzen Europas, in dem 70 Jahre zuvor die ersten nationalen Rotkreuzgesellschaften überhaupt gegründet worden waren. Deutschland zählte damit zweifellos zu den Mutterländern der Bewegung insgesamt. Mit 1,5 Millionen Mitgliedern, die in 7943 Rotkreuzvereinen organisiert waren und über eine vergleichsweise hervorragende Ausstattung und Ausbildung verfügten, war das Deutsche Rote Kreuz Anfang

1933 auch eines ihrer größten und damit wichtigsten nationalen Glieder. Die erste Reaktion in Genf war Sprachlosigkeit. Als das Schicksal der politischen Gefangenen in Deutschland bereits am 18. Mai 1933 erstmals auf der Tagesordnung des Genfer Komitees stand, dekretierte dessen Präsident kurz und knapp: «Das Rote Kreuz ist keine Institution zur Abgabe von Erklärungen, sondern zur Hilfe für die Opfer.» Auch hinsichtlich der historischen Aufarbeitung der Rolle der Rotkreuzorganisationen in dieser Zeit, des IKRK ebenso wie des DRK, sollte nach 1945 für viele Jahre Sprachlosigkeit herrschen. Vereinzelte Stimmen, die schon früh zur Verantwortungsübernahme mahnten, blieben weitgehend ungehört. Ohnmacht und Versagen gegenüber dem NS-Terror wurden beschönigt und gerechtfertigt, Verstrickungen in die Gewaltverbrechen geleugnet oder verdrängt. All dies untrügliche Zeichen dafür, dass das Bild der Rotkreuzbewegung in der Zeit von 1933–1945 in der Tat durch erhebliche dunkle Flecken getrübt ist.

DRK und NS-Staat. Angesichts der radikalen Gleichschaltungspolitik war die Hoffnung darauf, dass das DRK im NS-Staat auf Dauer eine wahrhaft unabhängige, allein den humanitären Idealen sowie den Prinzipien politischer, konfessioneller und rassischer Neutralität verpflichtete Position würde behaupten können, wohl in der Tat nur eine realitätsfremde Illusion. Zwar entging die nationale Rotkreuzgesellschaft in Deutschland – anders als praktisch alle anderen Massenorganisationen – 1933/34 dem Schicksal der Auflösung oder Eingliederung in die Organisationsstrukturen der NSDAP. Der Preis, den das DRK für seine bis zum Kriegsende 1945 bewahrte formale Unabhängigkeit zu zahlen hatte, war indes hoch. Das für die Einbettung der Rotkreuzbewegung in den NS-Staat charakteristische komplexe Wechselspiel zwischen Anpassungsdruck, vorauseilendem Gehorsam, Opportunismus, wohl nur ein ganz klein wenig hinhaltendem Widerstand und verbreitet echter Begeisterung für die «nationalsozialistische Zeitenwende» ist erst jüngst gründlich aufgearbeitet worden, insbesondere von Dieter Riesenberger (2002: Das Deutsche Rote Kreuz. Eine Geschichte 1864–1990) sowie

Brigitt Morgenbrod und Stephanie Merkenich (2008: Das Deutsche Rote Kreuz unter der NS-Diktatur 1933–1945). Der Führung des DRK und fast aller seiner Untergliederungen scheint es in der Tat nicht wirklich schwergefallen zu sein, sich «den ideologischen Vorgaben des Regimes anzupassen und seine traditionelle Loyalität zu ‹Volk und Vaterland› auf die nationalsozialistische Bewegung und ihren Führer zu übertragen» (Morgenbrod/Merkenich, 33). Die Motive mögen unterschiedlich gewesen sein – Anbiederung zwecks Erlangung einer Bestandsgarantie durch die neuen Machthaber, echte Überzeugung oder auch eine Mischung aus beidem –, das Ergebnis war letztlich immer dasselbe. Von Anfang an stellte sich das Deutsche Rote Kreuz «mit Selbstverständlichkeit dem Führer bedingungslos zur Verfügung», so 1939 rückblickend Felix Grüneisen, ein hoher DRK-Funktionär der Zeit. Im Nachhinein mag man mit guten Gründen bezweifeln, ob das DRK im Jahre 1933 wirklich in seiner Existenz gefährdet war, ein Argument, das immer wieder für die beschämend eilfertige Anbiederung an das Regime vorgebracht worden ist. Immerhin ratifizierte das Deutsche Reich noch 1934 die Genfer Konvention von 1929 und bekannte sich damit auch ganz offiziell zu Grundprinzipien der Rotkreuzbewegung, darunter eben auch der Existenz einer unabhängigen nationalen Gesellschaft. Aus einem Gespräch am 1. April 1933 zwischen Reichsinnenminister Frick und DRK-Präsident Winterfeldt-Menkins, der in diesem Amt noch im November 1933 durch Carl-Eduard Herzog von Sachsen-Coburg und Gotha abgelöst werden sollte, wird zudem deutlich, dass Partei und Regierung den umfangreichen personellen, materiellen und logistischen Ressourcen des DRK für den Fall einer deutschen Mobilmachung eine durchaus bedeutsame Rolle beimaß. Die von der NS-Führung offensichtlich rasch erkannte kriegswichtige Funktion des DRK – auch und gerade als integralem Bestandteil der internationalen Rotkreuzbewegung – hätte den Entscheidungsträgern innerhalb der Organisation damit möglicherweise durchaus Spielräume für ein etwas selbstbewussteres Auftreten gegenüber den neuen Machthabern geben können. Wirklich gewollt haben scheint dies jedoch kaum jemand. Ganz im Gegenteil: Am 12. Mai 1933 verfasste der DRK-Präsident eine an Hitler persönlich adressierte Ergebenheitsadresse, in dem vom «begeisterten Aufschwung neuer Hoffnung» und dem «Glauben an die Erfüllung uralten Sehnens: die wahre und tiefe Volksgemeinschaft aller Deutschen» schwadroniert und dem «Führer» für die Erneuerung des Deutschen Reiches die bedingungslose Unterstützung des Roten Kreuzes angedient wird. Immerhin wurde 1939 von der NS-Führung in der Retrospektive ein «allzulanges Fortwirken traditionsgebundener Organisations- und Führungsformen» beklagt, was darauf schließen lässt, dass der Integrationsprozess des Roten Kreuzes in den NS-Staat eben doch nicht ganz reibungslos vonstattenging. Auch in der Führung der Schwesternschaften scheint die ganz überwiegende Reaktion auf den Systemwechsel billigend bis begeistert gewesen zu sein. Kein Wunder also, dass die rasche Übernahme aller wichtigen Führungspositionen durch dem Regime nahestehende Personen – und in den Folgejahren dann auch ganz unmittelbar durch SS-Funktionäre – sowie die schrittweise Ausrichtung der Organisationsstruktur nach dem Führerprinzip offensichtlich keinen nennenswerten Schwierigkeiten begegnete. Kein Wunder auch, dass nicht nur der Ausschluss der zahlreichen jüdischen Mitglieder angesichts eines jedenfalls zunächst noch bestehenden nicht unerheblichen Handlungsspielraums ohne konkrete Not bereitwillig und in vorauseilendem Gehorsam beschämend rasch, umfassend und reibungslos vonstattenging. Auch die inhumane Rassenpolitik insgesamt stieß in der einem diskriminierungsfreien Humanitätsideal verpflichteten Organisation zu keiner Zeit auf nennenswerten Widerstand. Kein Wunder weiterhin, dass die etwas naive Hoffnung des IKRK, das DRK werde sich schon im Einklang mit der Beschlusslage der internationalen Rotkreuzbewegung «tatkräftig vom humanitären Standpunkt um das Los der politischen Häftlinge kümmern» (Max Huber), bitter enttäuscht wurde. Auf eine entsprechende Anfrage hin wurde das Schwedische Rote Kreuz im Oktober 1933 mit einem die Opfer geradezu verhöhnenden Antwortschreiben des DRK-Präsidenten über die angeblich vorbildlichen, ja idyllischen Zustände in den Konzentrationslagern abgespeist: «Für die Masse der aus proletarischem Milieu stammenden Personen dürfte rein materiell der Lebensstandard sogar höher sein, als sie ihn im Privatleben gewohnt waren.» Und kein Wunder schließlich, dass die sukzessive Umformung des Roten Kreuzes zu einem bloßen «nationalsozialistischen Sanitätskorps» von weiten Kreisen innerhalb der Organisation, die der auch satzungsmäßigen Aufwertung der DRK-Wohlfahrtsarbeit während der Weimarer Republik schon immer ablehnend gegenüberstanden, durchaus mit Wohlwollen aufgenommen wurde. Insbesondere viele der etwa 130 000 Mitglieder der DRK-Sanitätskolonnen versprachen sich hierdurch die lang ersehnte militärische Aufwertung ihrer Arbeit. Die Rückführung der Rotkreuzarbeit auf ihr ursprüngliches, rein kriegsvorbereitendes und -begleitendes Aufgabenspektrum war spätestens mit dem Gesetz über das Deutsche Rote Kreuz vom 9. Dezember 1937 abgeschlossen:

> § 3: «Das Deutsche Rote Kreuz wird gemäß Artikel 10 des Genfer Abkommens zur Verbesserung des Loses der Verwundeten und Kranken der Heere im Felde vom 27. Juli 1929 [...] als freiwillige Hilfsgesellschaft anerkannt und ermächtigt, im amtlichen Sanitätsdienst der Wehrmacht mitzuwirken.»

Hart traf der erzwungene Abschied von der Wohlfahrtsarbeit insbesondere die DRK-Frauenvereine, die sich – letztlich wenig verwunderlich – der Konkurrenz der NS-Frauenschaft und anderer NS-Wohlfahrtsverbände auf Dauer nicht erwehren konnten. Auch das Jugendrotkreuz musste 1935 dem Totalitätsanspruch der NS-Jugendorganisationen weichen und seine Arbeit einstellen. Immerhin, die Brücken zur internationalen Rotkreuzbewegung waren nicht abgebrohen, sondern durch das Gesetz von 1934 sogar noch einmal explizit bestätigt worden. Tatsächlich war man auch in anderer Hinsicht bemüht, das Verhältnis zum Genfer Komitee, der Liga, den anderen Rotkreuzgesellschaften und der Völkerrechtsgemeinschaft insgesamt nicht unnötig zu belasten. Um Irritationen im Ausland zu vermeiden wurde so auf Drängen des Auswärtigen Amtes die seit 1934 verpflichtend angeordnete Verbindung des Rotkreuzzeichens mit NS-Symbolik (Adler mit Hakenkreuz) bewusst nicht in das Rotkreuzgesetz von 1937 selbst aufgenommen, sondern in der zeitgleich zum 1.1.1938 in Kraft tretenden Satzung «versteckt». Auch eine «Arierklausel» findet sich nur hier – und dies, mittels Bezugnahme auf das DRK-Dienstrecht, auch nur in sehr verklausulierter Form.

Die Bindung einer nationalen Rotkreuzgesellschaft an die Prinzipien der internationalen Rotkreuzbewegung einerseits und ihre traditionelle Nähe zum und damit Abhängigkeit vom Heimatstaat andererseits kann zu praktisch nicht lösbaren Loyalitätskonflikten führen. Das Deutsche Rote Kreuz unter der NS-Herrschaft steht exemplarisch für einen solchen Loyalitätskonflikt. Nimmt man die national-konservative bis bestimmten Elementen der nationalsozialistischen Ideologie nahestehende und traditionell systemnahe Grundhaltung der Organisation als Ganzes, ihrer Führung und der Mehrzahl ihrer Mitglieder hinzu, so wird man Konfliktbereitschaft und Widerstandsgeist nicht gerade zu den vornehmsten Charakteristika des DRK zählen, etwas, was wohl auch für die meisten anderen nationalen Rotkreuzgesellschaften gilt. Das mag die knapp und nur exemplarisch skizzierten Vorgänge erklären. Den fundamentalen Rotkreuzidealen der Humanität widersprechendes individuelles und kollektives Fehlverhalten im Einzelfall vermögen diese Faktoren aber selbstverständlich nicht zu rechtfertigen. Dort aber, wo ohne Vorhandensein eines Loyalitätskonflikts die Gunst der Stunde genutzt wurde, um im Zusammenwirken mit den NS-Machthabern die eigene Position auf dem bereits damals umkämpften Wohlfahrtssektor zu stärken, muss jedes Verständnis fehlen. Ohne Not und aus eklatant egoistisch-opportunistischen Motiven begleitete das DRK aktiv und mit äußerstem Wohlwollen die Auflösung des Arbeitersamariterbundes (Sommer 1933) und übernahm Vermögenswerte, Ausrüstungsgegenstände und teilweise auch das Personal der der Sozialdemokratie nahestehenden Wohlfahrtsorganisation. Dieser Vorgang sollte als ein besonders dunkles Kapitel in der deutschen Rotkreuzgeschichte in Erinnerung bleiben.

Hochrangige Vertreter des DRK haben sich schließlich

schwerster ideologisch motivierter Verbrechen schuldig gemacht, an erster Stelle sicher Dr. Ernst Robert Grawitz, Arzt, SS-Angehöriger und seit 1937 als Vize- und damit geschäftsführender Präsident die eigentliche Führungsfigur der Gesamtorganisation. Dieser faktisch höchste Repräsentant einer dem Humanitätsideal verpflichteten Organisation war aktiv am Euthanasieprogramm beteiligt und dabei nach eigener Aussage auch bereit, «nach Errichtung der ersten Tötungsanstalt die Tötung des ersten Geisteskranken selbst durchzuführen». Grawitz war zudem für die Genehmigung medizinischer Experimente an KZ-Häftlingen zuständig und arbeitete auch unmittelbar an der Durchführung des Massenmordes an den Juden mit. Abgesehen von vereinzelten Episoden liegen hingegen offensichtlich keine belastbaren Belege dafür vor, dass auch die Rotkreuzorganisation als solche unmittelbar in diese schwersten Verbrechen verwickelt war; ausschließen kann man eine jedenfalls punktuelle Beteiligung daran jedoch ebenso wenig. Weitere Forschungen sind vonnöten, werden sich allerdings angesichts einer sehr lückenhaften Aktenlage als schwierig erweisen. Von einer Direktive wie derjenigen, wonach das DRK im sogenannten «Reichsprotektorat Böhmen und Mähren» die Deutschen nicht nur in ihrem «völkischen Kampf um Blut und Boden» unterstütze, sondern sich auch als «Vermittler rassepolitischer und erbgesundheitlicher Grundsätze» verstehe – so der stellvertretende DRK-Landesführer Dr. Plato 1940/41 –, hin zu einer direkten Verstrickung Einzelner oder auch ganzer Organisationsteile in die Gewaltverbrechen war es jedenfalls kein weiter Weg. Der Historiker Hans Mommsen hat das Verhalten des DRK im «Dritten Reich» denn auch als insgesamt «kläglich» bezeichnet. Dem soll hier nicht widersprochen werden.

Im September 1945 erklärte die sowjetische Besatzungsmacht mit Wirkung für ihren Einflussbereich die DRK-Zentralorganisation wegen Verstrickung in das nationalsozialistische Unrechtsregime für aufgelöst. Frankreich schloss sich dieser Wertung an, Großbritannien und die Vereinigten Staaten haben ihr jedenfalls nicht widersprochen. Auch dies eine ohne Weiteres nachvollziehbare Sicht der Dinge.

IKRK und NS-Staat. Weitab vom Geschehen in Deutschland, in der Villa Moynier unmittelbar an den Ufern des Genfer Sees (seit 1933 Sitz des Komitees), aber auch bei der Rotkreuzliga in Paris, stellten sich angesichts der nationalsozialistischen Gewaltherrschaft andere, nicht minder drängende Fragen. Stets gut informiert, war man ohne Zweifel besorgt über die Lage in Deutschland – aber auch über die Zukunft der Rotkreuzbewegung. Aber was war konkret zu tun? Natürlich verstieß das DRK beim rassenideologisch motivierten Ausschluss seiner jüdischen Mitglieder ganz offen gegen Punkt 8 der Aufnahmebedingungen für nationale Gesellschaften (Neutralitätsprinzip). Das IKRK hätte ihm deshalb theoretisch die Anerkennung entziehen können. Hätte zumindest eine entsprechende Drohkulisse das NS-Regime zu Beginn seiner noch nicht umfassend konsolidierten Herrschaft beeindrucken können oder hätte eine derartige Intervention nicht vielmehr ganz im Gegenteil das Ende der nationalen Rotkreuzgesellschaft in Deutschland bedeutet oder zumindest dessen Austritt aus dem internationalen Verbund bewirkt? Und hätte nicht in der Folge ein ähnlicher Schritt durch die gleichgeschalteten Gesellschaften in der zunehmenden Zahl anderer totalitärer Staaten gedroht? «Die strenge Anwendung des liberalen Prinzips der Aufnahme aller», so Max Huber in einem Brief an den damaligen Präsidenten der Liga, Graf Bonabes de Rougé, würde «fast unausweichlich zur Auflösung des universellen Roten Kreuzes führen». Dies aber «wäre ein viel größeres Unglück als die elastische Auslegung eines Prinzips, das in der Genfer Konvention selbst nicht verankert ist». In der Tat war es diese Sorge um die Einheit und Universalität der Bewegung, die das IKRK und seinen Präsidenten in dieser, aber auch in anderen Fragen (etwa betreffend die politischen Häftlinge und später auch die Vernichtungslager) zu seiner vielfach kritisierten äußerst zurückhaltenden Reaktion bewogen. Aber musste die stillschweigende Hinnahme der antisemitischen Rassenpolitik, sogar was die Binnenstruktur der Rotkreuzorganisation selbst anging, wirklich so weit gehen, dass der IKRK-Sekretär Sidney Brown am 30. September 1933 einem unmittelbar betroffenen jüdischen Petenten ganz offiziell mitteilte, dass es «zu manchen

Zeiten ratsamer ist, dass Personen, die gewissen völkischen, politischen oder anderen Gruppen angehören, nicht in den lokalen Sektionen des Roten Kreuzes vertreten sind»? Carl Jacob Burckhardt, Professor der Geschichte in Zürich, IKRK-Mitglied und dessen nachmaliger Präsident (seit Anfang 1945), fällt in ebenjener Zeit durch kaum verhohlene antisemitische Äußerungen auf. Wörtlich schreibt er am 1. Juni 1933 an seinen Freund Baron von Andrian, der ihn zuvor für die Gefahr des Nazismus zu sensibilisieren versucht hatte:

> «Endlich halte ich daran fest, dass die Juden eine Schuld trifft und da sie das Volk par excellence sind, das den Begriff von Schuld und Sühne ausprägte, so verstehen ihre ehrlichen Vertreter auch sehr gut, wofür sie diesmal getroffen wurden. Ich habe sehr superiore Juden gekannt, sittlich hochstehende, reine Menschen, dies aber hindert mich nicht daran die Kultur, die beispielsweise das Berliner Judentum der letzten 30 Jahre schuf, unsittlich und verderbt [...] zu finden; es gibt einen bestimmten Aspekt des Judentums, den ein gesundes Volk bekämpfen muß.» (Freiburger Rundbrief 1999, 672).

Diese Aussage war selbstverständlich nicht repräsentativ für die damaligen Mitglieder des IKRK, geschweige denn war sie dort mehrheitsfähig. Auch wird sie der Gesamtpersönlichkeit dieses intelligenten, politisch und sozial engagierten Menschen sicher nicht gerecht. Immerhin hat das Weizmann-Institut Burckhardt nach dem Krieg zum Ehrenmitglied gemacht, «wegen seines Wirkens zugunsten der notleidenden Völker, darunter des jüdischen Volkes, in seiner Eigenschaft als Leiter einer großen humanitären Organisation». Aber deutlich wird hier doch, dass die unheilvolle Rassenideologie bis in den Kern der humanitären Weltbewegung vorzudringen vermochte und damit – in bewusst vorsichtiger Formulierung – jedenfalls nicht auszuschließen ist, dass sie deren Tätigkeit bzw. Untätigkeit bis zu einem gewissen Grade mitbeeinflusst haben könnte.

Das «viel größere Unglück» sah man in Genf denn auch offensichtlich darin, dass angesichts der kategorischen und teilweise mit Drohgebärden verknüpften Zurückweisung jeder Kritik an den antisemitischen Maßnahmen des NS-Regimes (etwa auch nach der sog. Reichspogromnacht vom 9. November 1938) die realistische Gefahr bestünde, DRK und Deutsches Reich könnten jede Kooperation aufkündigen und das IKRK damit an der Wahrnehmung seiner völkervertraglich garantierten Schutz- und Hilfsaufgaben in einer sich bereits früh als möglich, ja wahrscheinlich abzeichnenden militärischen Auseinandersetzung gehindert werden.

Hinsichtlich seiner personellen und materiellen Ressourcen war das IKRK damals in der Tat keine mächtige Organisation, die in nennenswertem Umfang zu autonomem Handeln befähigt war – ganze zehn Verwaltungsstellen konnte das Komitee 1933 aus seinem knappen Budget finanzieren. Das gesamte Organisationsmodell der Rotkreuzbewegung beruhte und beruht bis heute auf einem konstruktiven und kooperativen Zusammenwirken von internationalen Gremien (IKRK und Liga/Föderation) einerseits und nationalen Gesellschaften und Regierungen andererseits.

Aber konnte das Deutsche Reich wirklich ein Interesse am Ausscheren aus dem Rotkreuzverbund haben? Dies darf man mit Fug und Recht bezweifeln, beruhte die formal unabhängige Sonderrolle des DRK im NS-System doch gerade darauf, «seine überstaatlichen Verbindungen im deutschen Interesse auszuwerten und für Deutschland, insbesondere für die Wehrmacht im Krieg nutzbar zu machen» – so eine offiziöse zeitgenössische Selbsteinschätzung des DRK. Und so muss das IKRK wohl jedenfalls mit der dauerhaften Kritik leben, allzu ängstlich einer offensiveren Auseinandersetzung mit dem Unrechtsregime ausgewichen zu sein. Eine moralische Autorität – und mehr konnte das IKRK angesichts der realen Machtverhältnisse wohl tatsächlich nicht sein – mag gegenüber einer Gewaltherrschaft ohne Moral faktisch wenig ausrichten können. Aber das wenige wäre wohl zumindest eines engagierteren Versuchs wert gewesen.

Durch eine gezielte Imageoffensive (Unterstützung einer Schweizer Initiative für eine Rotkreuzkonferenz über den Schutz der Zivilbevölkerung, Hilfseinsätze bei Unglücksfällen und Naturkatastrophen im Ausland, Einladung des IKRK-Mitglieds Burckhardt zu einem achttägigen Deutschlandbesuch) sowie eine geschickte Personalpolitik gelang es den NS-Machthabern, in ihren internationalen Beziehungen den Eindruck zumindest einer gewissen Kontinuität und Normalität zu erzeugen. Bis 1937 konnte der in Genf bereits von den erfolgreichen Satzungsverhandlungen des Jahres 1928 bekannte und geschätzte Paul Draudt als Chef des neuen «Amtes Auslandsdienst» des DRK weiteragieren und kurz vor Kriegsbeginn übernahm dieses Amt dann Walther Georg Hartmann, der, anders als sein Interimsvorgänger in diesem Amt Robert Grawitz, mit einigem diplomatischen Geschick dem humanitären Anliegen des DRK auf der internationalen Bühne zumindest rhetorisch wieder stärkeren Ausdruck verlieh.

Zu einem für die humanitäre Sache desaströsen Propagandaerfolg des NS-Regimes wurden auch die Besuche von Konzentrationslagern durch die IKRK-Delegierten Burckhardt (1935) und Favre (1938), die sich beide ganz überwiegend positiv über die Zustände äußerten: So hält Favre im Bericht über seinen Besuch im Lager Dachau (1938) u.a. ganz unkommentiert fest: «solide gebaute, helle und gut durchlüftete Baracken [...] besser und bequemer eingerichtet als die der Wachmannschaft» – «Die Häftlinge können ihre Freizeit beliebig verbringen (verschiedene Spiele, Sport, Lektüre)» – «Brot [...] ist von ausgezeichneter Qualität» – «Kantine alles sehr schön eingerichtet [...] reiches Angebot» und auf die Frage nach der durch Presseartikel kolportierten schlechten Behandlung: «Die Antwort war, daß es verboten sei, sich an den Häftlingen zu vergreifen. Wenn ein wachhabender Soldat einen Häftling schlägt, wird er streng bestraft und aus der SS ausgestoßen.» War dieses Idyll nur das Ergebnis eines geschickten Täuschungsmanövers oder wollte man vielleicht auch gar nicht so ganz genau hinsehen, um sich Auseinandersetzungen mit dem NS-Regime zu ersparen, die man in Genf von vorneherein als fruchtlos, ja kontraproduktiv für die Erfüllung der zentralen Rotkreuzaufgaben ansah?

Es steht heute fest, dass das IKRK jedenfalls in groben Zügen schon frühzeitig über die Vernichtungslager und den Massenmord an den Juden informiert war. So übermittelte der IKRK-Chefdelegierte in Berlin, Roland Marti, Zahlen («60 000 in

Lettland ermordete Juden») und Orte (u.a. «Auschwitz»), an die etwa 10 000 Berliner Juden deportiert worden seien: «Man nimmt an, dass sie heute tot sind.» Echte Konsequenzen zog man in Genf aus diesen dramatischen Informationen keine:

> «Wir danken Ihnen vielmals für Ihre oben genannte Notiz betreffend die Lage der Juden in Berlin. Es ist besonders wertvoll für uns, die Orte zu erfahren, an die die Deportierten gebracht werden, und wir bitten Sie, uns diese auch in Zukunft wissen zu lassen, wenn Sie sie zufällig erfahren.»

Mit diesem Schreiben vom 30. April 1943, einer letztlich unerhört emotionslos-bürokratischen Reaktion, blieb das IKRK einer Linie treu, die es – nach lebhaften internen Diskussionen – im Oktober 1942 auch gegenüber einem geplanten öffentlichen Appell zugunsten der Zivilbevölkerung eingenommen hatte. Gegen einen solchen Appell spräche, dass er keine praktische Wirkung erwarten lasse, aber gewisse Beziehungen gefährden könne; dafür der Wunsch des IKRK, seine humanitären Prinzipien zu verteidigen. Obwohl sich die Mehrheit des Komitees zunächst für einen in der Sache zwar deutlichen, in der Form aber doch sehr gemäßigt formulierten und zudem neutral an alle Kriegführenden gleichermaßen gerichteten Appell ausgesprochen hatte, setzte sich nicht zuletzt durch die mehr oder minder diskrete Einflussnahme bestimmter der Schweizer Bundesregierung besonders nahestehender Mitglieder letztlich die erstere Position durch. Ein Appell unterblieb.

Immer wieder ist geltend gemacht worden, dass Hilfe für die bedrohten Juden, aber auch andere rassisch oder aus sonstigen Gründen verfolgte Personengruppen nicht vom völkerrechtlichen Mandat der Genfer Konventionen umfasst gewesen sei. Dieses Argument für Zurückhaltung und Untätigkeit ist formaljuristisch nicht zu bestreiten, verliert aber dadurch deutlich an Überzeugungskraft, dass in dem Moment, als ein Ende der Naziherrschaft endgültig absehbar war (Winter 1944/45), nunmehr ohne übertriebene Rücksicht auf die Grenzen des Mandats auch vom IKRK deutlich mutigere Schritte zum Schutz aller Opfergruppen unternommen wurden. In der Endphase des Krieges trugen IKRK-Aktivitäten denn auch tatsächlich dazu bei, viele Tausend Menschen vor dem Tod zu retten; die Rolle des IKRK-Delegierten Louis Haeflinger bei der Befreiung des Lagers Mauthausen ist hierfür nur ein Beispiel. Angemerkt sei an dieser Stelle, dass auch die Regierung in Bern, zu dessen Politik das Genfer Komitee im Verlaufe des Krieges in zunehmende Abhängigkeit geraten war, die humanitäre Dimension des Problems erst in dem Moment als solche deutlich benannte und entsprechend aktiver wurde, als das Deutsche Reich keine militärische Gefahr mehr für sie darstellte und man nunmehr realpolitisch-opportunistisch ganz offen zur Erkenntnis gelangte: «Wenn wir dazu beitragen, eine beachtliche Zahl von Unglücklichen zu retten, liefert uns das ein entscheidendes Argument für die Verteidigung unserer Neutralität.»

Durch eine allein dem Humanitätsgedanken verpflichtete kreativ-weite Auslegung ihres Mandats, wie sie auch in vorangegangenen Konflikten immer wieder praktiziert worden war, haben sich einzelne IKRK-Delegierte – teilweise auch gegen den ausdrücklichen Willen der Genfer Zentrale – dennoch nicht gescheut, zahlreichen jüdischen und nichtjüdischen Opfern ungeachtet ihrer präzisen rechtlichen Qualifikation und unter Hinnahme erheblicher eigener Gefährdung Hilfe zu leisten. Hier war der Geist von Solferino («Tutti fratelli») in seiner ganz ursprünglich humanitären Dimension dann vereinzelt doch immer noch lebendig.

Das Verhältnis Rotes Kreuz und Nationalsozialismus hat schließlich einen unerfreulichen Epilog: Am 1. Juni 1950 stellte ein gewisser Ricardo Klement einen Antrag (Nr. 100940) auf Ausstellung eines IKRK-Reisedokumentes. Hiermit leistete das Komitee seit Februar 1945 in ganz Europa zehntausenden entwurzelter Menschen ohne gültigen Identitätsnachweis, darunter vielen Überlebenden aus den Konzentrationslagern, Hilfe zur Emigration und zum Aufbau einer neuen Existenz. Der praktische Wert dieser bis in die Gegenwart praktizierten humanitären Dienstleistung konnte und kann nicht hoch genug eingeschätzt werden. Bis heute konnten mehr als eine halbe Million

Flüchtlinge, Vertriebene und staatenlose Personen mit Hilfe von IKRK-Reisedokumenten das Land ihrer Wahl erreichen.

Die Rotkreuzdelegation in der italienischen Hafenstadt Genua stellte noch am Tag der Antragstellung das erbetene Dokument aus und ermöglichte Herrn Klement damit die Übersiedlung nach Argentinien. Man vertraute schlichtweg auf die Angaben des Antragstellers, denn in der Tat verfügten die Delegationen des IKRK unter den besonderen Umständen in der Endphase und unmittelbar nach dem Zweiten Weltkrieg wohl nicht über die Mittel, eine eigene Identitätsfeststellung vorzunehmen. Man mag geteilter Meinung darüber sein, ob diese Ausnahmesituation im Jahre 1950, also mehrere Jahre nach Kriegsende, noch in gleichem Maße gegeben war und ob nicht an einem Knotenpunkt der bevorzugten und insbesondere von einzelnen katholischen Klerikern «geschützten» Fluchtroute der NS-Verbrecher ein etwas höheres Maß an Misstrauen geboten gewesen wäre – zumindest gegenüber den besonderen Schützlingen des österreichischen Bischofs und offenen NS-Sympathisanten Alois Hudal. Tatsache jedenfalls ist, dass sich – wenn auch unwissentlich – mittels Papieren, auf denen das Symbol der Hüter der Menschlichkeit prangte, neben Adolf Eichmann (alias «Ricardo Klement») auch andere Verbrecher gegen die Menschlichkeit – darunter Klaus Barbie, Joseph Mengele und Erich Priebke – dem Zugriff der Gerechtigkeit entziehen konnten, jedenfalls vorübergehend. Das IKRK hat diese Vorgänge nie verschweigen und sein Bedauern darüber ausgedrückt.

6. Das Rote Kreuz und der Zweite Weltkrieg (1939–1945)

Knapp 1600 Seiten umfasst der Bericht des IKRK über seine Aktivitäten während des Zweiten Weltkrieges, den es 1948 der XVII. Internationalen Rotkreuzkonferenz in Stockholm vorlegte. Das einführende Kapitel hierzu wird Max Huber nicht leichtgefallen sein. Die Versäumnisse waren bekannt, und man stand in Genf bereits zu diesem frühen Zeitpunkt unter erheblichem Rechtfertigungsdruck. Und so erinnert Huber denn an die

Geschichte und Grundsätze, das Mandat und seine Grenzen, um schließlich – vielleicht auch ein wenig entschuldigend – festzustellen: realistisches Denken, das muss die Losung für das IKRK sein. In der Tat kann kein Zweifel daran bestehen, dass dieser Pragmatismus für viele Opfer dieses Krieges, insbesondere die Kriegsgefangenen, überlebenswichtig gewesen ist: 120 Millionen Botschaften zwischen Kriegsgefangenen und ihren Angehörigen sowie 24 Millionen Zivilnachrichten konnten übermittelt, mehr als 11 000 Besuche von Kriegsgefangenenlagern absolviert, 445 000 Tonnen Hilfsgüter verteilt und 30 Millionen Personen registriert oder in anderer Weise unterstützt werden. Über gerade einmal drei reguläre Verwaltungsstellen verfügte das IKRK im Sommer 1939. Nein, gut vorbereitet auf die humanitären Mammutaufgaben im Zusammenhang mit dem weltweiten Zusammenprall hochgerüsteter Großmächte war man zum Zeitpunkt des Kriegsausbruchs in Genf wirklich nicht. Immerhin, die Kriege in China, Äthiopien, Spanien, der «Anschluss» Österreichs sowie die Invasion der Tschechoslowakei waren kaum zu missdeutende Vorboten eines großen Konfliktes gewesen. Und so konnte das IKRK denn auch bereits am zweiten Tag des Krieges, dem 2. September 1939, auf einer soliden völkerrechtlichen Basis nicht nur einen dringlichen Appell an alle kriegführenden Parteien zur Beachtung der Genfer Konvention von 1929 zum Schutz der Kriegsverletzten und Kriegsgefangenen richten, sondern insoweit auch bereits ein eigenes Aktionsprogramm vorlegen. Ein Kernelement war hierbei sicher die Ankündigung der Einrichtung einer zentralen Auskunftsstelle für Kriegsgefangene, die – im Verbund mit den von der Genfer Konvention geforderten nationalen Zentralstellen – Schicksale aufklären und Hilfe für die Angehörigen dieser rasch viele Millionen Personen umfassenden Personengruppe leisten sollte. Die Erfolgsbilanz dieser Agentur, die ihre Arbeit alsbald im Genfer «Palais du Conseil Général» aufnahm und deren Personal bis Kriegsende auf über 2500 Personen anwachsen sollte, ist beeindruckend und durch bloßes Zahlenmaterial kaum angemessen zu würdigen. Natürlich erhöhte materielle Hilfe die Überlebenschancen. Fast ebenso wichtig aber war die positive psychologische, den Überlebenswillen steigernde Wirkung, welche die Öffnung von Kommunikationskanälen auf die Kriegsgefangenen ausübte. Allein das für persönliche Nachrichten mit einer maximalen Länge von 25 Worten vorgesehene «Formular 61» öffnete ein fast 24 Millionen Mal genutztes Fenster in die Heimat. Unzweifelhaft war die Sorge um die Kriegsgefangenen – und die diesen dank einer Genfer Initiative gleichgestellten Zivilinternierten – dem IKRK ein besonderes Anliegen, nicht nur weil sie auf solidem völkerrechtlichen Grund stand. Umso bitterer war es für das Komitee, dass es nicht allen Angehörigen dieser Opfergruppe in gleichem Maße Hilfe leisten konnte. Eine in gewisser Hinsicht bizarr anmutende Sensibilität des NS-Regimes gegenüber seinen internationalen Vertragspflichten führte dazu, dass sich Deutschland im Verhältnis zu den alliierten Mächten auf der Grundlage der Gegenseitigkeit durchaus an die Regeln der Genfer Konventionen gebunden fühlte. Gegenüber den Gefangenen aus der Sowjetunion und Polen aber herrschte schlichtweg humanitäre Skrupellosigkeit: Die Sowjetunion habe die Genfer Konvention nicht ratifiziert und Polen als Staat aufgehört zu existieren. Der Bericht des IKRK-Delegierten Marti an das IKRK über seine zufällige Beobachtung der Ankunft russischer Kriegsgefangener in Pommern im September 1941 war in der Tat erschütternd: «Der Anblick der meisten Gefangenen war schrecklich: Wahrhaft wandelnde Leichen [...] verängstigte Skelette [...] die in ihren Gruppen Sterbende mit sich schleppen.» Alle Versuche des Roten Kreuzes, hier Abhilfe zu schaffen – etwa durch den Abschluss eines bilateralen Kriegsgefangenenabkommens –, scheiterten. Und so waren bereits nach wenigen Monaten von den 3,3 Millionen sowjetischen Kriegsgefangenen fast die Hälfte an Hunger und Fleckfieber gestorben – ganz zu schweigen von den Massenmorden an «in politisch, krimineller oder sonstiger Hinsicht untragbare(n) Elementen» (sog. Kommissarbefehl vom 6. Juni 1941).

Auch Bemühungen zugunsten der Zivilbevölkerung hatte das IKRK bereits mit dem Appell vom 2. September 1939 eingeleitet, wohl wissend, dass es hierfür (nach wie vor) an einer vertraglichen Grundlage fehlte. Der 1934 auf der XV. Rotkreuzkonferenz beschlossene Vertragsentwurf (sog. Tokyo-Projekt) war ein solcher geblieben. Dies sollte das IKRK aber nicht daran hindern, die Staaten immer wieder eindringlich an den Inhalt dieses doch von ihnen selbst mitgetragenen Dokumentes zu erinnern. Von allen Seiten folgten humanitäre Lippenbekenntnisse, Taten weniger. Wohl erstmals in der Geschichte des modernen Krieges machten Bombenkrieg und andere Methoden der Kriegführung, die sich nicht auf militärische Ziele beschränkten, die Zivilbevölkerung zum Hauptleidtragenden der Kampfhandlungen. Auch weitere dringliche, ja dramatische Aufrufe des IKRK, wie derjenige vom Mai 1940 (sog. Pfingstappell), vermochten hieran wenig zu ändern:

> «Angesichts der ständigen Verschärfung des gegenwärtigen Konflikts beschwört das Internationale Komitee vom Roten Kreuz die kriegführenden Parteien, von Angriffen gegen Personen Abstand zu nehmen, die als Nichtkämpfende vor den Leiden des Krieges verschont bleiben müßten.
>
> Gewiss es ist die erste Pflicht des Roten Kreuzes, den Verwundeten, Kranken und Gefangenen der kriegführenden Armeen beizustehen, aber es genügt nicht, die Wunden zu verbinden, sie müssen auch allen jenen erspart bleiben, die in keiner Weise an den Kampfhandlungen beteiligt sind und das Recht haben, nicht von ihnen in Mitleidenschaft gezogen zu werden.
>
> Im Namen der Menschenwürde vertritt das Internationale Komitee vom Roten Kreuz die Auffassung, daß sich die Stimme des Roten Kreuzes diesmal öffentlich Gehör verschaffen muß. Unabhängig von allen Abkommen und Gesetztestexten appelliert es an das Gewissen der Völker.»

Eine in der Tat ungewöhnlich offene und klare Positionierung, die aber erneut auch schmerzhaft das Fehlen eines vergleichbaren Engagements zugunsten der Opfer des Holocaust in Erinnerung ruft. Unmittelbar nach dem Krieg sollten die Genfer Bemühungen um eine Einbeziehung der Zivilbevölkerung in das Schutzregime des Humanitären Völkerrechts dann Erfolg haben: wie so oft ein Krieg zu spät, aber immerhin.

In dieser rechtlich prekären Situation bewährte sich der Solidaritätsverbund Rotkreuzbewegung: Auf der Grundlage der Statuten von 1928 gründeten IKRK und Liga im Oktober 1940 eine gemeinsame Organisation zur Unterstützung der Zivilbevölkerung, das «Vereinigte Hilfswerk vom Internationalen Roten Kreuz». Durch die Einbindung ihres Dachverbandes waren auch die nationalen Rotkreuzgesellschaften in das umfassende Hilfsprojekt einbezogen, vor allem, aber nicht nur diejenigen aus neutralen Staaten: Schwedische Schiffe transportierten Hilfsgüter nach Griechenland, Spenden aus Lateinamerika, Ägypten, der Türkei und vielen anderen Staaten ermöglichten große Hilfsaktionen etwa zugunsten der von der deutschen Invasion betroffenen belgischen und französischen Zivilbevölkerung. Der deutschen Reichsregierung konnte schließlich sogar ein grundsätzliches Einverständnis zu Hilfslieferungen in alle besetzten Gebiete abgerungen werden. Die Verteilung der Hilfsgüter, die sich einschließlich der unmittelbaren Nachkriegszeit auf über 165 Millionen Tonnen summierte, oblag den nationalen Gesellschaften und dort, wo die Besatzungsmacht Deutschland eine solche nicht anerkannte (etwa in Polen), dem Deutschen Roten Kreuz.

Ein erfreuliches Zeichen humanitärer Normalität im Grauen des Kriegsalltags setzten schließlich auch Millionen Freiwilliger, die in allen kriegführenden Staaten im Dienste der nationalen Rotkreuzgesellschaften unter oftmals widrigsten Bedingungen nicht nur ihrer alten Rotkreuzkernaufgabe, der Unterstützung des Sanitätsdienstes ihrer Heimatstaaten, nachkamen, sondern sich «im Dienste der Menschlichkeit» vielmehr auch vielen weiteren humanitären Aufgaben widmeten.

Die vielfältigen Koordinierungsaufgaben der Genfer Zentrale sowie die Präsenz vor Ort durch bis zu 179 Delegierte und verschiedene Spezialmissionen ließen die Zahl der Mitarbeiter des IKRK im Verlaufe des Krieges auf über 3000 ansteigen, mit entsprechenden Konsequenzen für den Finanzbedarf. Dieser – und daran sei an dieser Stelle ausdrücklich erinnert – wurde in erster Linie aus der Schweiz gedeckt, durch Spenden von Bürgern, Industriellen und Zuwendungen des Staates sowie der Zentralbank. Aber auch die ungeachtet der Kriegssituation nach wie vor geleisteten Beiträge nationaler Gesellschaften und ausländischer Regierungen sicherten dem IKRK das Überleben. Am Ende des Krieges verblieb sogar ein geringfügiger Überschuss, der indes rasch für die Linderung der humanitären Notlage in der unmittelbaren Nachkriegszeit aufgebraucht wurde.

Der Eurozentrismus der vorangegangenen Ausführungen darf nicht darüber hinwegtäuschen, dass die Rotkreuzbewegung auch auf dem fernöstlichen Kriegsschauplatz mit Delegationen und Hilfsleistungen präsent war, wenn auch aus logistischen, vielleicht aber auch kulturell bedingten Gründen noch in deutlich begrenztem Umfang. In Kriegsgefangenschaft zu geraten etwa galt im fernöstlichen Kulturkreis verbreitet immer noch als Schande und so befanden sich Ende 1944 nur erstaunliche 6400 Japaner in der Hand der Alliierten. Und auch diese weigerten sich aus Rücksicht auf ihre Familien vielfach, ihre Identität gegenüber Rotkreuzvertretern preiszugeben. Auf der anderen Seite begegneten Rotkreuzvertreter bei ihrem engagierten Einsatz für die über 100 000 alliierten Kriegsgefangenen teilweise erheblichem Misstrauen. Der IKRK-Delegierte in Borneo, Matthaeus Vischer, bezahlte sein unnachgiebiges Drängen, Zugang zu alliierten Kriegsgefangenen zu erhalten, sogar mit dem Leben. Gemeinsam mit seiner Frau wurde er als (angeblicher) Spion standrechtlich erschossen.

7. Das Rote Kreuz vor den Herausforderungen der Nachkriegszeit

Humanitäre Herausforderungen. Für die humanitäre Arbeit der Rotkreuzbewegung bedeutete das Jahr 1945 keine Zäsur: Hunderttausende Kriegsgefangene und DPs (Zwangsverschleppte/Displaced Persons) galt es zu betreuen und, wo immer möglich, zu repatriieren, materielle und medizinische Hilfe für die in weiten Teilen des Kontinents notleidende und von Epidemien bedrohte Zivilbevölkerung bereitzustellen. Und schließlich galt es auch zu verhindern, dass die Europa und später den indischen Subkontinent in einem bisher unbekannten Ausmaß überschwemmenden Flüchtlingswellen in einer humanitären Katastrophe mündeten. Besonders prekär war die Situation in Deutschland, existierte hier doch weder eine funktionierende Staatsgewalt noch eine nationale Rotkreuzgesellschaft. Und so übernahm das Genfer Komitee sowohl hinsichtlich der deutschen Kriegsgefangenen als auch der über sechs Millionen Ostflüchtlinge eine Art inoffizielle Schutzmachtstellung. Die mehr als 40 000 Seiten starken Berichte des IKRK über die Besuche bei deutschen Kriegsgefangenen legen nicht nur Zeugnis ab von einer regen Betreuungstätigkeit. Im zähen Ringen mit den Alliierten gelang es dem IKRK vielmehr auch, für die vielen tausenden erst nach Kriegsende in Gewahrsam genommenen und damit formalrechtlich nicht vom Schutz der Genfer Konvention erfassten Soldaten (sog. SEP/Surrendered Enemy Personnel) einen der Kriegsgefangenschaft gleichwertigen Status zu erwirken. Ähnliches gelang auch für über drei Millionen Japaner, die erst nach dem Waffenstillstand in Fernost in alliierte Gefangenschaft geraten waren.

Motor des Humanitären Völkerrechts. Das Beispiel der SEP veranschaulicht eine zweite Funktion, die das IKRK nach 1945 zunehmend selbstbewusst in Anspruch nehmen sollte: Es fungierte als Motor der Fortentwicklung des Humanitären Völkerrechts. Und ein solcher wurde damals aus mindestens zwei Gründen auch dringend benötigt. Erstens hatten die vorangegangenen Kriege schwere Defizite des humanitären Regelwerks aufgezeigt: Der mangelnde Schutz der Zivilbevölkerung sowie das völlige Fehlen eines Schutzregimes für die in der Praxis immer häufigeren Fälle, in denen Konflikte innerhalb eines Staates mit Waffengewalt ausgetragen wurden, waren nur zwei der besonders eklatanten normativen Lücken. Zweitens aber war auch kein Akteur in Sicht, der sich dieser dringenden Aufgabe annehmen konnte und wollte: Vergleichbar ein wenig mit der Situation nach dem Ersten Weltkrieg gab sich auch die Nachfolgerin des Völkerbundes, die Vereinten Nationen (UNO), zunächst der Hoffnung (oder wohl besser der Illusion) hin, die Geißel des Krieges nun endgültig überwunden zu haben. Angesichts des an prominenter Stelle in der UNO-Charta von 1945 normierten Gewaltverbots (Art. 2 Ziff. 4) in gewisser Weise konsequent, aber eben auch ein wenig realitätsfern nach dem Motto, «was nicht sein darf, das nicht sein kann», verweigerte sich die UN-Völkerrechtskommission der Mitarbeit an einer Aktualisierung des Humanitären Völkerrechts. Und so blieb es denn den pragmatischen Idealisten in Genf vorbehalten, noch während des Krieges (Memorandum vom 15. Februar 1945) einen Kodifikationsprozess anzustoßen, der vier Jahre später mit der Annahme der vier Genfer Abkommen (1949) seinen erfolgreichen Abschluss finden sollte.

Die bestehenden Regeln zum Schutz der Verwundeten (Abkommen I und II) und Kriegsgefangenen (Abkommen III) konnten im Lichte der jüngsten Kriegserfahrungen grundlegend überarbeitet und um ein völlig neues, 150 Artikel umfassendes Regime zum Schutz der Zivilbevölkerung ergänzt werden (Abkommen IV). Erstmals explizit anerkannt wurde schließlich, dass auch Konflikte unterhalb der Schwelle des zwischenstaatlichen Krieges (insbesondere also Bürgerkriege) in den Anwendungsbereich des Humanitären Völkerrechts fallen konnten und den Opfern dieser «kleinen Kriege» die Beachtung fundamentaler Grundsätze der Menschlichkeit garantiert werden sollte (gemeinsamer Artikel 3 der Genfer Abkommen). Und schlussendlich hat die Konferenz, die in guter alter Tradition von der Schweiz als «Sachwalterin der humanitären Abkommen» für den 21. April 1949 nach Genf einberufen worden war, dann doch noch den Krieg abgeschafft – zumindest terminologisch: Der in einem jahrhundertelangen Prozess in sehr formalistischer Weise verdichtete Kriegsbegriff hatte dazu geführt, dass zahlreiche Konflikte mit Millionen von Toten mangels «Kriegserklärung» formaljuristisch gar nicht stattgefunden hatten: Stattdessen gab es «Polizeiaktionen», «Strafexpeditionen», «bewaffnete Repressalien» oder «es wurde zurückgeschossen». Eine streng formalistische Betrachtungsweise barg in der Tat die Gefahr, dass die humanitären Schutznormen in der realen Welt der gewaltsamen Auseinandersetzungen einen Großteil ihres Anwendungsbereiches verlieren könnten. Und so war es aus der

Opferperspektive sicher eine weise Entscheidung, dass im Genfer Recht seit 1949 ausschließlich der weite und historisch unbelastete Begriff des bewaffneten, internationalen oder nichtinternationalen Konflikts Verwendung findet. Für die beiden zentralen Themenkomplexe ‹Schutz der Zivilbevölkerung› und ‹Opfer nichtinternationaler Konflikte› ergänzt und erweitert durch zwei Zusatzprotokolle von 1977, bilden die Genfer Abkommen von 1949 bis heute das universell anerkannte Fundament des Humanitären Völkerrechts. Alle Staaten der Welt sind diesen Verträgen beigetragen: Außer der UN-Charta selbst kann kein Vertrag dieser Welt eine solche Erfolgsbilanz vorweisen.

Und natürlich versäumte es das Genfer Komitee anlässlich dieser grundlegenden Vertragsrevision nicht, auch seine eigene Stellung im Humanitären Völkerrecht zu stärken und damit zumindest indirekt natürlich auch diejenige innerhalb der humanitären Weltbewegung selbst. In den durchaus stolzen Worten des damaligen IKRK-Direktors Jean Pictet, der wohl zu Recht als geistiger Vater der Konventionen von 1949 bezeichnet wird: «Die Stellung des IKRK ist nun fest im Völkerrecht verankert und seine Rolle zum Schutz der Kriegsopfer von der gesamten Staatengemeinschaft voll anerkannt.» In der Tat, nicht weniger als 60 Konventionsartikel erwähnen das IKRK oder die zentrale Auskunftsstelle. Eine gelungene Kompensation dafür, dass man in der UN-Charta selbst keine Erwähnung gefunden hatte, anders als 25 Jahre zuvor in der Völkerbundsatzung. Immerhin hatte die UN-Generalversammlung in einer Resolution vom 19. November 1946 die Mitgliedstaaten dazu aufgerufen, die friedensfördernde und völkerverständigende Arbeit der nationalen Rotkreuzgesellschaften nach Kräften zu unterstützen, und später auch die Liga als deren internationale Repräsentantin in diesen Appell einbezogen. Unerwähnt geblieben war allerdings das Internationale Komitee. Auch für die Beziehungen innerhalb der Rotkreuzbewegung deutete sich hier bereits eine neue Konfliktlinie an: Die Liga (seit 1991 «Föderation») machte dem IKRK zunehmend Kompetenzen, ja den Führungsanspruch streitig und zumindest die großen nationalen Gesellschaften begannen ihrerseits, auch auf internationaler Ebene zunehmend selbstbewusst und eigenständig humanitäre Aktivitäten zu entfalten. Und so sollte die Neujustierung des institutionellen Gleichgewichts für die nächsten Jahrzehnte zu einem Dauerthema innerhalb der Rotkreuzbewegung werden.

Traditionelle Schutz- und Hilfstätigkeit. Es ist wohl fast müßig zu erwähnen, dass das IKRK schon sehr rasch gezwungen war, auch seine traditionelle Schutz- und Hilfstätigkeit in bewaffneten Konflikten wiederaufzunehmen. Eine herausragende Stellung nahm dabei das bereits kurz nach Kriegsende einsetzende und bis auf den heutigen Tag unverändert andauernde besondere Engagement im Nahostkonflikt ein. Auch von westlichen Staaten (darunter den USA) sowie einflussreichen Persönlichkeiten wie Graf Bernadotte, Präsident des Schwedischen Roten Kreuzes, sah sich das Komitee wegen seiner passiven Rolle gegenüber den Naziverbrechen und seiner Abhängigkeit von der Schweizer Politik heftiger Kritik ausgesetzt. Daher bot sich ihm hier nicht nur eine Chance zur Rehabilitation. Auch innerhalb der Rotkreuzbewegung konnte man so seine Unverzichtbarkeit unter Beweis stellen. Diese Chance hat das IKRK genutzt. Von 1950 bis 1953 folgte dann ein deutlich bescheidenerer Einsatz im Koreakrieg. Überflüssig geworden war das IKRK nicht, ganz im Gegenteil.

8. Das Rote Kreuz nach 1945: Humanitäres Engagement in einer sich wandelnden Welt

Die Bedürfnisse des bedrängten Menschen in Krieg und Frieden ändern sich wenig; die Rahmenbedingungen, unter denen humanitäre Hilfe möglich ist, indes sehr wohl, zumal in einem internationalen Kontext. Mit drei Stichworten lassen sich die wohl wichtigsten Faktoren benennen, die in den Jahrzehnten nach dem Zweiten Weltkrieg entscheidenden Einfluss auf die Arbeit des IKRK, aber auch der anderen Glieder der Rotkreuzbewegung genommen haben: Ost-West-Konflikt, Dekolonisierung sowie Multilateralismus und internationale Zusammenarbeit.

Ost-West-Konflikt. Die kommunistische Staatenwelt betrachtete das IKRK von Anfang an mit Misstrauen. So warf die Sowjetunion dem Komitee und seinen führenden Repräsentanten vor, eine Institution der Bourgeoisie mit fester Verankerung in der bürgerlich-liberalen Gedankenwelt des Westens zu sein – eine wohl nicht ganz unzutreffende Charakterisierung. Auch die Nähe zur Schweizer Politik war der östlichen Supermacht suspekt. Nicht vergessen hatte man in Moskau, dass ein IKRK-Mitglied, der katholisch-konservative Giuseppe Motta, in seiner Funktion als Außenminister dafür gesorgt hatte, dass die Schweiz 1934 als einer der wenigen Staaten gegen die Aufnahme der Sowjetunion in den Völkerbund votiert hatte. Schwerer traf die Genfer Institution der Vorwurf, im Zweiten Weltkrieg und auch bereits im Spanischen Bürgerkrieg profaschistisch und prodeutsch agiert zu haben. Und eine diplomatische Ungeschicklichkeit, durch die im Koreakrieg eine allzu große Nähe zur US-Politik offenbar wurde, ließ schließlich China und Nordkorea an der Neutralität des Komitees zweifeln und verschloss diesem damit für Jahrzehnte den Zugang zum kommunistischen Machtbereich in Fernost. Ob auch ideologische Gründe zur Distanz der kommunistischen Welt gegenüber der internationalen Rotkreuzbewegung beigetragen haben – die humanitären Interessen des Individuums als nachrangig gegenüber dem Interesse des Kollektivs am Endsieg des Proletariats –, mag dahingestellt bleiben. Fakt ist jedenfalls, dass auch in kommunistischen Staaten sehr aktive Rotkreuzgesellschaften existierten und diese auf internationaler Ebene (in Liga und später Föderation) konstruktiv mitarbeiteten. Vielleicht war das IKRK damit auch nur eines unter vielen Opfern des strengen Souveränitätsdogmas dieser Staaten, welches eine «Einmischung» von außen prinzipiell als unerwünscht ansah, sei diese auch «nur» humanitärer Natur.

Eine Normalisierung der Beziehungen zwischen Genf und Moskau erfolgte erst in der Gorbatschow-Ära. Von einem «sehr warmen Empfang» in Moskau berichtet das IKRK anlässlich eines ersten Spitzentreffens zwischen IKRK-Präsident (Alexander Hay) und Generaldirektor (Jacques Moreillon) mit Außenminister Schewardnadse im April 1987. Bereits von 1920–1938 hatte hier die legendäre «Mission Wehrlin» residiert, die neben ihrer humanitären Mission inoffiziell auch Aufgaben quasikonsularischer Natur für die Schweiz wahrgenommen hatte. Nach 54-jähriger Unterbrechung konnte das IKRK 1992 erneut eine Delegation in die nunmehr wieder russische Hauptstadt entsenden. Seine Rolle als neutraler Vermittler hatte damit wieder universelle Anerkennung gefunden.

Dekolonisierung. Der mit der Unabhängigkeit Indiens und Indonesiens bereits in den 1940er Jahren einsetzende und in den 1960er Jahren seinen Höhepunkt erreichende Prozess der Dekolonisierung führte in kaum 20 Jahren zur Entstehung von mehr als 80 neuen Staaten und in der Folge sehr rasch auch zur Gründung einer entsprechenden Anzahl neuer nationaler Rotkreuzgesellschaften. Spiegelbildlich zur UN-Welt war dieser Strukturwandel auch in der humanitären Welt des Roten Kreuzes mit erheblichen Anpassungsschwierigkeiten verbunden, nicht nur, aber eben auch in den Köpfen der handelnden Akteure in Genf. Aus dem ehemaligen Hotel Carlton, auf einem Hügel über den imposanten Gebäuden des Völkerbundes gelegen und seit 1946 Sitz des IKRK, reicht der Blick an schönen Tagen über den Genfer See bis zu Europas höchstem Berg, dem Montblanc an der Grenze zwischen Frankreich und Italien. Diese europäische Perspektive, die auch die Aktivitäten der Rotkreuzbewegung für nahezu 100 Jahre dominiert hatte, gehörte endgültig der Vergangenheit an. Gleichzeitig bot sich nun aber die Chance, dem bereits in den 1860er Jahren erträumten Ideal einer wahrhaft universellen Bewegung einen entscheidenden Schritt näher zu kommen. Aber natürlich war die Integration einer Vielzahl von Rotkreuzgesellschaften aus einer politisch, ideologisch und kulturell zunehmend heterogenen Staatenwelt eine große Herausforderung für die Genfer Institutionen und ihre obersten Repräsentanten: Noch immer (bis zu seinem Tod 1960) war Max Huber Ehrenpräsident, Carl Jakob Burckhardt Mitglied des Komitees, Paul Ruegger, ehemaliger Mitarbeiter Hubers, seit 1948 dessen Präsident und sein Nachfolger von 1955 bis 1964, Léopold Boissier, war in jungen Jahren gar noch

Privatsekretär des damaligen IKRK-Präsidenten Gustave Ador auf den Pariser Friedenskonferenzen von 1919 gewesen. Allesamt Persönlichkeiten, die fest in bürgerlicher Kultur und christlich-abendländischem Denken verhaftet waren. Für diese Männer und auch einige Frauen (etwa Lucie Odier) war der Sinngehalt von Begriffen wie Menschenwürde und Humanität, Frieden, Freiheit und Gerechtigkeit unzweifelhaft. Im weltweiten Kontext, in den die Rotkreuzbewegung nunmehr hineingestellt war, galt dies nicht mehr uneingeschränkt. «Es ist fraglos», so im Jahre 1959 Martin Bodmer, IKRK-Vizepräsident und Begründer einer der bedeutendsten privaten Büchersammlungen der Welt (Bibliotheca Bodmeriana), «daß ein Teil der Menschheit heute von Voraussetzungen ausgeht, die so diametral verschieden sind von denen, die zur Zeit und am Ort der Rotkreuzgründung bestanden, daß damit eben auch die Rotkreuzidee keine einheitliche mehr sein kann.» Eben um dieser Einheit willen war es wohl eine kluge Entscheidung des Komitees, weitgehend auf Grundsatzdiskussionen zu verzichten und sich stattdessen «rotkreuztypisch» ganz auf die praktische humanitäre Arbeit zu konzentrieren. Nach dem Ende des Kalten Krieges konnte zwar in weiten Teilen der Staatengemeinschaft eine deutliche Annäherung der Wertvorstellungen erreicht werden. Dennoch blieb man in den Rotkreuzinstitutionen zu Recht zurückhaltend: Menschenrechtsdebatten und -aktionismus überließ man anderen – etwa den nur wenige Schritte entfernt angesiedelten UN-Menschenrechtsinstitutionen Rat und Hochkommissariat sowie den zahlreichen ebenfalls in Genf und weltweit aktiven Nichtregierungsorganisationen (etwa Human Rights Watch, amnesty international). Kommunikation mit diesen Akteuren pflegte man trotzdem, aber eben diskret.

Erneut sehr ähnlich wie in der UNO kam als strukturelles Problem das finanzielle Ungleichgewicht zwischen neuen und etablierten Gesellschaften hinzu. Noch 1986 trugen die USA allein 25 Prozent des Budgets der Rotkreuzliga, 129 Gesellschaften hingegen weniger als ein Prozent. Die Rotkreuzliga initiierte bereits in den 1960er Jahren ein großes Entwicklungsprogramm, welches durch Schulungen, Materiallieferungen und die Entsendung von Delegierten wesentlich zur Stärkung der Rotkreuzstrukturen in den Entwicklungsländern beitrug. In diesem Kontext entstand auch das für die Föderation bis heute gültige Prinzip der Regionalisierung: Regionalinstitute, Regionaldelegierte und Regionalkonferenzen sollten und sollen dafür Sorge tragen, dass sich die nationalen Gesellschaften so gut wie möglich in das soziale, kulturelle und politische Milieu einer Region einfügen. Die weltweiten Organisationsstrukturen (einschließlich zentraler Warendepots in allen Teilen der Welt) wurden alsbald erfolgreich zur Koordination und Durchführung von Katastropheneinsätzen, in jüngerer Zeit zunehmend aber auch für allgemeine entwicklungspolitische Ziele, wie die Verbesserung des Gesundheitsschutzes und die Bewältigung von Migrationsfolgen, eingesetzt. Durch viele Hundert öffentliche Appelle – von den Hungerkatastrophen in Äthiopien der 1970er und 1980er Jahre bis hin zu den Opfern des Tsunamis in Südostasien (2004) und denjenigen des Erdbebens in Haiti (2010) – konnte über Liga/Föderation in allen Teilen der Welt umfangreiche materielle und finanzielle Hilfe organisiert und logistische Unterstützung geleistet werden.

Zwar ist das IKRK derzeit mit über 11 000 Mitarbeiterinnen und Mitarbeitern weltweit in etwa 80 Staaten präsent. Seit nunmehr 50 Jahren finden aber mit wenigen Ausnahmen (Jugoslawienkrieg/Südamerika) alle vom Umfang her bedeutenden operativen Missionen in Staaten statt, die erst nach 1945 ihre Unabhängigkeit erlangt haben. Dies ist nicht zuletzt der Tatsache geschuldet, dass die europäischen Staaten bei ihrem Rückzug aus Kolonialgebieten vielfach ethnisch, religiös und kulturell heterogene sowie politisch und wirtschaftlich fragile Gemeinwesen hinterlassen hatten. Die fast unausweichliche Folge war eine große Anzahl interner bewaffneter Konflikte. Teilweise durch das Eingreifen der antagonistischen Großmächte USA und Sowjetunion internationalisiert, passten diese so gar nicht mehr in das Schema des klassischen europäischen Staatenkrieges, wie es den Gründern der Rotkreuzbewegung 100 Jahre zuvor vor Augen gestanden hatte. Die Folgen für das IKRK waren und sind gravierend.

Vom kulturell vertrauten europäischen Kontinent verlagerte sich der geographische Tätigkeitsschwerpunkt der Genfer Institution hin zu den Krisenherden in aller Welt: Von der Suezkrise (1956/57) über den Algerienkrieg (1954–1962), die kriegerischen Nachwehen der Unabhängigkeit in vielen Teilen Afrikas, aber auch Indochinas sowie bürgerkriegsähnlichen Zuständen vom Jemen (1962–1970) bis in die Dominikanische Republik (1965) reichte nunmehr das Einsatzgebiet. Ganz neue Fähigkeiten auf dem Gebiet der Diplomatie, der Logistik, Kommunikation und Ausbildung (Sprachkenntnisse) waren gefordert. Weitab von der Zentrale, in seinen humanitären Aktivitäten vielfach vollkommen auf sich allein gestellt, hat die Institution des IKRK-Delegierten in diesen Konflikten ihre Schlüsselfunktion für das Wirken des Genfer Komitees bestätigen und festigen können. Lokal bestens vernetzt, sehr selbstständig und mit weitgehenden Freiheiten ausgestattet, war etwa ein Mann wie Geoffrey Cassian Senn, geboren 1898 in Mosnang im Kanton Sankt Gallen, für eine volle Dekade (1960–1970) erfolgreich für das IKRK in den Krisenherden Südrhodesien, Kongo, Kenia und Burundi/Ruanda tätig. Nicht immer gelang die kulturelle Anpassung offensichtlich so gut wie in diesem Fall. Dem vorübergehend als IKRK-Delegierten tätigen früheren UN-Hochkommissar für Flüchtlinge, Auguste Lindt, gelang es zwar während des Biafrakrieges (1967–1970), trotz widrigster Umstände umfangreiche materielle Hilfe für die notleidende Zivilbevölkerung zu organisieren. 1969 wurde Lindt allerdings von Nigeria als unerwünschte Person des Landes verwiesen: Anrüchiger Lebenswandel und neokoloniales Auftreten sollen wesentlich zu dieser Entscheidung beigetragen haben.

Die kaltblütige Ermordung von sechs IKRK-Delegierten in einem Krankenhaus in Tschetschenien (1996) zeigt, dass die in 100 Jahren mühevoller humanitärer Arbeit gefestigte und selbst in den dunkelsten Stunden des Zweiten Weltkrieges in Europa geachtete Funktion des Roten Kreuzes als eines neutralen und damit schützenswerten humanitären Akteurs noch weit davon entfernt ist, wirklich universelle Anerkennung gefunden zu haben. Die zunehmende Gefährdung der IKRK-Delegierten, aber auch eine allgemeine Erschwerung der Bedingungen, unter denen humanitäre Arbeit erfolgreich möglich ist, hängt sicher auch mit der sprunghaft ansteigenden Zahl sog. kleiner Kriege zusammen. Statt im Humanitären Völkerrecht zumindest einigermaßen gut ausgebildeten staatlichen Armeen stehen die Rotkreuzhelfer zunehmend nichtstaatlichen Akteuren gegenüber, deren Führungsstrukturen oft unklar und deren Verpflichtung auf anerkannte Grundsätze der Kriegführung weitaus schwieriger ist. Die Liste von neuen Akteuren, bei denen das IKRK oft genug mühsam um die Anerkennung seiner Rolle werben musste und muss, ist lang. Dass man sich mit der Schulung von Taliban-Kämpfern im Humanitären Völkerrecht nicht nur Freunde macht, liegt gleichfalls auf der Hand.

Die Zunahme dieser «kleinen Kriege» sowie ganz neue Formen der Kriegführung, welche Zivilbevölkerung und Umwelt einer 1949 noch unbekannten Gefährdung aussetzen, bewogen das IKRK bereits 1969 dazu, «konkrete Vorschläge zur Vervollständigung des humanitären Rechts auszuarbeiten». Eine in zweierlei Hinsicht erfolgreiche Initiative: Nicht nur konnten mit den beiden Zusatzprotokollen von 1977 tatsächlich empfindliche normative Lücken geschlossen werden. Es war dies vielmehr auch das erste Mal, dass tatsächlich die gesamte Völkerrechtsgemeinschaft am Verhandlungstisch präsent war. Waren die überkommenen Grundsätze des Humanitären Völkerrechts wirklich im weltweiten Rahmen konsensfähig? Ja, sie waren es und es muss zu den bleibenden Verdiensten des IKRK und seiner Verbündeten in der Staatenwelt gezählt werden, dass das in den konfliktträchtigen, vom Ost-West-Gegensatz überlagerten Nord-Süd-Beziehungen akut bedrohte Diskriminierungsverbot als fundamentaler Pfeiler des Humanitären Völkerrechts nicht nur erhalten blieb, sondern sogar ausdrücklich bestätigt wurde. Allen Kriegsopfern, ob in Nordvietnam gefangener US-Pilot oder Freiheitskämpfer in Angola, sollte auch zukünftig von Rechts wegen und unabhängig von der politischen oder ideologischen Bewertung der Konfliktparteien, gleicher Schutz zukommen. Die ein wenig systemwidrige Aufwertung des sog. Befreiungskrieges war demgegenüber nur eine kleine und – wie sich auch im Nachhinein erwiesen hat – ohne Weiteres akzeptable Konzession.

Multilateralismus und internationale Zusammenarbeit. Spätestens seit dem Ende des Zweiten Weltkrieges ist die Rotkreuzbewegung auf dem internationalen Markt der humanitären Hilfe in Kriegs- und Friedenszeiten nicht mehr allein. Mit der Gründung der UNO samt zahlreicher auf dem humanitären Sektor tätiger Untereinheiten und Sonderorganisationen (z. B. UNICEF, UNHCR, UNDP), von Regionalorganisationen (z. B. entwicklungspolitische und humanitäre Aktivitäten der Europäischen Union) und einer kaum noch überschaubaren Anzahl privater Initiativen (z. B. Ärzte ohne Grenzen, Oxfam, Care) ist das internationale Engagement in der Not-, Katastrophen- und allgemeinen Entwicklungshilfe sprunghaft angestiegen. Allein 3536 Nichtregierungsorganisationen (NGOs) – davon viele mit einem im weitesten Sinne entwicklungspolitischen Hintergrund – besaßen im Jahr 2011 Konsultativstatus beim UN-Wirtschafts- und Sozialrat (ECOSOC). Ein erheblicher Koordinierungsbedarf ist die unausweichliche Folge. Da die einstmals relativ klare Trennlinie zwischen Kriegs- und Friedenseinsätzen zunehmend verschwimmt, besteht ein solcher auch nicht nur hinsichtlich der humanitären Friedensarbeit von Föderation und nationalen Gesellschaften. Vielmehr ist auch das IKRK selbst unmittelbar von dieser Entwicklung betroffen: Hunger, Umweltschäden, Flüchtlingsströme, Ressourcenmangel können die Folgen von Kriegen sein oder diese auslösen – deren regelmäßige Begleiterscheinungen sind humanitäre Katastrophen dieser Art allemal. Hinzu kommt, dass die Grenzen zwischen Krieg und Frieden auch in zeitlicher Hinsicht fließend werden. Klar definierbare Anfangs- und Endpunkte besitzen bewaffnete Konflikte heute nur mehr in Ausnahmefällen.

Seit 1991 fungiert ein UN-Untergeneralsekretär als Leiter eines etwa 1900 Mitarbeiter umfassenden Amtes für die Koordinierung humanitärer Angelegenheiten (engl.: Office for the Coordination of Humanitarian Affairs, OCHA) als Nothilfekoordinator aller auf diesem Gebiet tätigen Akteure. Auch IKRK und Föderation sind in prominenter Weise in diesen wichtigsten strategischen Koordinierungsmechanismus zwischen den großen humanitären Hilfsorganisationen eingebunden. Das IKRK ist sich dabei seines völkerrechtlichen Sonderstatus wohl bewusst und sieht sich in diesem Koordinierungsprozess zu Recht als gleichberechtigter Partner und nicht etwa als ein den UN-Institutionen untergeordneter «Befehlsempfänger». Gleiches gilt auch für die Föderation, die in mehreren Abkommen jüngeren Datums eine deutliche Aufwertung ihres völkerrechtlichen Status erreichen konnte. Internationale und nationale Komponenten der Rotkreuzbewegung haben damit in der humanitären Landschaft der Gegenwart zwar ihre einstmals fast monopolartige Position verloren. Durch effiziente weltumspannende Organisationsstrukturen, Status, jahrzehntelange Erfahrung und eine tiefe Verankerung in den Zivilgesellschaften praktisch aller Staaten dieser Welt kommt der Rotkreuzbewegung aber immer noch eine privilegierte und im Kriegsfall auch nach wie vor weitgehend exklusive Stellung zu.

VI. Die Grundsätze der Rotkreuz- und Rothalbmondbewegung

«Im Anfang war die Tat.» Mit solch aufklärerischem Gestaltungsoptimismus ausgestattet schickt Goethe seinen Faust auf eine epische Reise durch Zeit und Raum. Auch am Beginn der Rotkreuzbewegung steht die Tat, spontane Hilfe im Angesicht menschlichen Leids. Das Wort kam später. Unausgesprochen noch lag auch dieser ersten Tat im Juni 1859 auf dem Schlachtfeld von Solferino aber bereits eine sehr konkrete Gesinnung zugrunde, die nicht nur von allen Weltreligionen in Worte gefasst worden ist, sondern auch als goldene Regel säkularen Denkens gilt: «Tut anderen, was ihr wollt, das sie euch tun.» Humanität (Menschlichkeit), definiert mit Émile Littré als «Gesinnung des aktiven Wohlwollens gegenüber den Menschen», wird alsbald mit dem Wesenskern der Rotkreuzbewegung identifiziert. Dieser Begriff bezeichnet inzwischen nicht nur deren Protagonisten selbst («The Humanitarians»), sondern auch das vom Roten Kreuz maßgeblich initiierte und bis heute mitgestaltete Rechtsgebiet («Humanitäres Völkerrecht»). Und so lässt sich der Kern des Wirkens der Rotkreuz- und Rothalbmondbewegung denn in der Tat in dem schlichten Satz zusammenfassen, dass nichts, auch nicht der Krieg, dem Menschen seine Humanität und damit den Minimalanspruch der Achtung seiner Person rauben kann und darf.

Erklärungsbedürftig wird humanitäres Handeln letztlich erst dann, wenn es die individuelle Sphäre überschreitet und sich in Organisationsstrukturen manifestiert und verstetigt. Dies aber war bei der Rotkreuzbewegung sehr rasch der Fall. Zwar wussten die allesamt von einem calvinistisch-bürgerlichen Milieu geprägten Mitglieder des Gründungskomitees noch sehr wohl, was sie im Innersten zusammenhielt – und konnte damit auch hier noch lange Zeit vieles unausgesprochen bleiben. Im Außenverhältnis aber, gegenüber Staaten, den nationalen Rotkreuzgesellschaften, aber auch gesellschaftlichen Gruppen und einflussreichen Einzelpersönlichkeiten war man rasch gezwungen, sein Selbstverständnis zu konkretisieren: «Unparteilichkeit, Freiwilligkeit, Nichtdiskriminierung, Neutralität und Solidarität zwischen den Gliedern der Rotkreuzbewegung» waren erste, noch wenig systematische Stichworte, die Gustave Moynier in einer Reihe von Schriften formulierte und die auch Eingang in verschiedene Resolutionen der frühen Rotkreuzkonferenzen fanden. Eine umfassende Selbstvergewisserung in Form von Grundsätzen oder gar einer ausgefeilten Doktrin war für die damals in einem weitgehend homogenen, einerseits christlich-monarchisch und andererseits liberal-bürgerlich geprägten Umfeld verortete Rotkreuzbewegung wohl auch noch gar nicht vonnöten.

Dies sollte sich im 20. Jahrhundert radikal ändern. Für eine Bewegung, die sich – historisch und durch ihren Kernauftrag bedingt – durch eine besondere Staatsnähe auszeichnete, bargen politische und gesellschaftliche Erschütterungen durch Gewaltherrschaft, zwei Weltkriege und ideologische Spaltung erhebliches Konfliktpotential. Schon 1921 nahm das IKRK denn auch vier Grundsätze in seine Statuten auf und erklärte sich selbst zu deren Hüter in der weltweiten Rotkreuzbewegung: Unparteilichkeit, politische, religiöse und wirtschaftliche Unabhängigkeit, Universalität des Roten Kreuzes und Gleichheit der nationalen Gesellschaften. Die Statuten von 1928 bestätigten diese «Prinzipien des Roten Kreuzes» und schufen damit eine explizite, wenn auch noch rudimentäre ideelle Basis für den Zusammenhalt der zunehmend heterogenen Glieder der Gesamtbewegung. Der Zweite Weltkrieg und die in seinem Schatten begangenen Menschheitsverbrechen ließen ein Prinzip besonders schmerzlich vermissen, dasjenige der Menschlichkeit. Dass diesem Prinzip in dem unmittelbar nach der humanitären Katastrophe einsetzenden Selbstbesinnungsprozess der ihm gebührende Rang in der Werteskala des Roten Kreuzes eingeräumt wurde, nämlich der oberste, verdankt sich insbesondere dem bereits erwähnten Jean Pictet. Seine programmatische Schrift von 1955 («Die Grundsätze des Roten Kreuzes») beginnt mit den wirkungskräftigen Worten:

> «Der Grundsatz der Humanität nimmt eine Sonderstellung in der Lehre des Roten Kreuzes ein; alle anderen Grundsätze hängen davon ab. Als Grundlage der Institution zeigt er ihr zugleich ihr Ideal, ihre Beweggründe und ihr Ziel. Hätte das Rote Kreuz nur einen einzigen Grundsatz, so müsste es dieser sein.»

Überraschend schnell und reibungslos wurde die Essenz der von Pictet formulierten Grundsätze mitten im Kalten Krieg über alle politischen, ideologischen und kulturellen Gräben hinweg zum programmatischen Grundgesetz der universellen Rotkreuzbewegung. Ein durchaus bemerkenswerter Vorgang.

Die substantiellen Grundsätze der Menschlichkeit und Unparteilichkeit sowie die davon abgeleiteten, weil deren effektive Umsetzung erst ermöglichenden Grundsätze der Neutralität und Unabhängigkeit bilden bis heute nicht nur das geistige Band, das die Rotkreuzbewegung im Innersten zusammenhält. Als integraler Bestandteil der Rotkreuzstatuten sind sie vielmehr für alle Glieder der Rotkreuzbewegung auch rechtlich ver-

Grundsätze der Rotkreuz- und Rothalbmondbewegung

Die folgenden sieben Grundsätze wurden von der XX. Rotkreuzkonferenz 1965 in Wien proklamiert und durch eine den Begriff „Internationales Rotes Kreuz" durch „Internationale Rotkreuz- und Rothalbmondbewegung" ersetzende Fassung in den von der XXV. Rotkreuzkonferenz 1986 in Genf verabschiedeten Statuten in modifizierter Form bestätigt:

Menschlichkeit. Die internationale Rotkreuz- und Rothalbmondbewegung, entstanden aus dem Willen, den Verwundeten der Schlachtfelder unterschiedslos Hilfe zu leisten, bemüht sich in ihrer internationalen und nationalen Tätigkeit, menschliches Leiden überall und jederzeit zu verhüten und zu lindern. Sie ist bestrebt, Leben und Gesundheit zu schützen und der Würde des Menschen Achtung zu verschaffen. Sie fördert gegenseitiges Verständnis, Freundschaft, Zusammenarbeit und einen dauerhaften Frieden unter allen Völkern.

Unparteilichkeit. Die Rotkreuz- und Rothalbmondbewegung unterscheidet nicht nach Nationalität, Rasse, Religion, sozialer Stellung oder politischer Überzeugung. Sie ist einzig bemüht, den Menschen nach dem Maß ihrer Not zu helfen und dabei den dringendsten Fällen den Vorrang zu geben.

Neutralität. Um sich das Vertrauen aller zu bewahren, enthält sich die Rotkreuz- und Rothalbmondbewegung der Teilnahme an Feindseligkeiten wie auch, zu jeder Zeit, an politischen, rassischen, religiösen oder ideologischen Auseinandersetzungen.

Unabhängigkeit. Die Rotkreuz- und Rothalbmondbewegung ist unabhängig. Wenn auch die Nationalen Gesellschaften den Behörden bei ihrer humanitären Tätigkeit als Hilfsgesellschaften zur Seite stehen und den jeweiligen Landesgesetzen unterworfen sind, müssen sie dennoch eine Eigenständigkeit bewahren, die ihnen gestattet, jederzeit nach den Grundsätzen der Rotkreuz- und Rothalbmondbewegung zu handeln.

Freiwilligkeit. Die Rotkreuz- und Rothalbmondbewegung verkörpert freiwillige und uneigennützige Hilfe ohne jedes Gewinnstreben.

Einheit. In jedem Land kann es nur eine einzige Nationale Rotkreuz- und Rothalbmondgesellschaft geben. Sie muss allen offenstehen und ihre humanitäre Tätigkeit im ganzen Gebiet ausüben.

Universalität. Die Rotkreuz- und Rothalbmondbewegung ist weltumfassend. In ihr haben alle Nationalen Gesellschaften gleiche Rechte und die Pflicht, einander zu helfen.

bindlich. Gleiches gilt für die organisatorischen oder institutionellen Grundsätze der Freiwilligkeit, Einheit und Universalität. Diese sollen Homogenität und Zusammenhalt innerhalb der Bewegung sicherstellen und weisen ihrerseits wiederum einen engen sachlichen Zusammenhang zum Humanitäts- und Neutralitätsgrundsatz auf.

Natürlich ist eine Doktrin immer auch ein Ideal, das in der Realität bisweilen nur unvollständigen Niederschlag findet. Pictet zeigt dies in seinem 1979 zu den Grundsätzen verfassten Kommentar ebenso auf wie der teilweise sehr kritische und entsprechend kontrovers diskutierte «Tansley-Bericht» von 1975. Die hier beschworene Gefahr einer Desintegration der Bewegung ist bis heute nicht eingetreten – auch dies wohl nicht zuletzt ein Zeichen für die fortdauernde Tragfähigkeit der Rotkreuzgrundsätze. Trotz der sich in einem weltweiten Kontext ständig wandelnden politischen und gesellschaftlichen Rahmenbedingungen haben diese Grundsätze die ihnen zugedachte Rolle als Kern einer beständigen und universalen Doktrin des Roten Kreuzes bis heute erfolgreich ausgefüllt.

VII. Die Internationale Rotkreuz- und Rothalbmondbewegung: Ein institutionelles Gefüge besonderer Art

«Ordnungswidrig handelt, wer unbefugt das Wahrzeichen des roten Kreuzes auf weißem Grund oder die Bezeichnung ‹Rotes Kreuz› oder ‹Genfer Kreuz› benutzt» – so bestimmte es schon 1902 ein Reichsgesetz und so können wir es heute in § 125 des deutschen Gesetzes über Ordnungswidrigkeiten nachlesen. Gleiches gilt für «Wahrzeichen oder Bezeichnungen [...], die nach Völkerrecht dem Wahrzeichen des roten Kreuzes auf weißem Grund oder der Bezeichnung ‹Rotes Kreuz› gleichstehen». Unter Schutz gestellt werden damit auch Roter Halbmond (islamische Welt), der gegenwärtig nicht verwendete Rote Löwe (früher Kaiserreich Iran) sowie seit 2005 schließlich auch der Rote Kristall. Graphisch eingebettet in dieses neutrale Schutzzeichen ist damit nach jahrzehntelangem Streit endlich ein Weg gefunden worden, dem Roten Davidstern, Symbol der israelischen Hilfsgesellschaft Magen David Adom, internationale Anerkennung zu verschaffen. «Unter außergewöhnlichen Umständen» dürfen fortan auch andere Gesellschaften, die sich nicht mit Kreuz oder Halbmond identifizieren können oder eine Kombination beider Symbole anstreben, den Roten Kristall verwenden: An einem Streit über Symbole soll die weltweite Akzeptanz der Rotkreuzidee nicht scheitern, so die klare Botschaft.

Einen ähnlich umfassenden Schutz wie in Deutschland genießen die Symbole der Rotkreuz- und Rothalbmondbewegung praktisch überall auf der Welt: Hierzu haben sich alle Staaten in den Genfer Konventionen von 1949 verbindlich verpflichtet. Das Symbol weckt in der Tat Begehrlichkeiten. Als etabliertes und mit vielen positiven Assoziationen verknüpftes Markenzeichen verspricht seine Verwendung allen auf dem Wohlfahrtssektor tätigen Akteuren wirtschaftlichen Gewinn, für nichtstaatliche Akteure im Kampf um politische Macht eine Statusaufwertung. Kein Wunder, dass die legitimen Träger der Symbole der Rotkreuz- und Rothalbmondbewegung erhebliche, auch juristische Anstrengungen zum Schutz «ihres» Emblems unternehmen. Eine im Jahre 2011 veröffentlichte Studie des IKRK verdeutlicht auf über 300 Seiten die Gefahren einer unkontrollierten Verbreitung des Symbols selbst, aber auch verwechslungsfähiger Imitate: Wenn nicht mehr sicher ist, dass hinter Rotem Kreuz/Rotem Halbmond eine Organisation steht, die den fundamentalen Prinzipien der Bewegung verpflichtet ist, dann droht nicht nur das Symbol selbst seine Schutzfunktion zu verlieren – mit unabsehbaren Folgen für die Opfer. Auch die humanitäre Autorität der Organisation selbst, die ganz wesentlich auf dem Vertrauen in ihre Neutralität und Unabhängigkeit ruht, droht erheblichen Schaden zu nehmen: An der gewaltsamen Befreiungsaktion der Oppositionspolitikerin Ingrid Betancourt im Jahre 2008 beteiligte Geheimdienstmitarbeiter trugen zur Täuschung der Geiselnehmer Westen mit dem Rotkreuzsymbol. Ein schwerer Verstoß gegen die Genfer Konventionen, für den sich die Regierung Kolumbiens denn auch zu Recht ohne Wenn und Aber entschuldigt hat.

Aber wen genau schützt dieses Zeichen überhaupt, wen oder was meinen wir eigentlich, wenn wir vom Roten Kreuz sprechen? Die Statuten der internationalen Rotkreuz- und Rothalbmondbewegung von 1986 geben Aufschluss. Danach gilt es drei Komponenten strikt zu unterscheiden: erstens die derzeit 188 anerkannten nationalen Gesellschaften. Zweitens deren Dachverband, die Internationale Föderation der Rotkreuz- und Rothalbmondgesellschaften (IFRK), mit einem großen Sekretariat in Genf sowie derzeit weltweit etwa 60 Delegationen. Und schließlich drittens das 1863 in Genf gegründete Internationale Komitee vom Roten Kreuz (IKRK).

Die Kriterien, welche eine nationale Gesellschaft erfüllen muss, um vom IKRK anerkannt und von der Föderation als Mitglied aufgenommen zu werden, sind heute klar definiert – jedenfalls auf dem Papier.

Indes, die Aufnahme in die internationale Rotkreuzbewegung ist von der Staatengemeinschaft stets auch als politischer Akt wahrgenommen worden. Und so wird eine derartige Entscheidung gerade in Grenzfällen eben doch nicht immer nur anhand des objektiven Kriterienkatalogs gefällt. Die Aufnahme des palästinensischen Roten Halbmondes im Jahre 2006 kann schlichtweg nur als Teil einer politischen Paketlösung erklärt werden (gleichzeitige Aufnahme der israelischen Gesellschaft sowie Anerkennung des Roten Kristalls als neues Schutzzeichen), denn das Kriterium Nr. 1 (Errichtung auf dem Gebiet eines unabhängigen Staates) erfüllt diese Gesellschaft mit Sicherheit nicht. Wann dieses Kriterium im Falle der kosovarischen Gesellschaft bejaht werden wird, hängt sicher nicht nur von völkerrechtlichen Überlegungen ab (Vorliegen der Staatseigenschaft), sondern auch solchen politischer Natur. Die jüngst erfolgte Anerkennung der Rotkreuzgesellschaft der Republik Zypern (2012) ist nicht nur von der Türkei mit Protesten und Repressalien beantwortet worden, sondern hat natürlich auch die legitime Frage aufgeworfen, wann und unter welchen Umständen der gleiche Schritt zugunsten des nordzypriotischen Roten Halbmondes zu erfolgen habe. Die Aufnahme von Gesellschaften aus territorialen Gebilden ohne volle Staatlichkeit ist in der Geschichte der Rotkreuzbewegung alles andere als präzedenzlos. Dass die bereits 1912 erfolgte Anerkennung der nationalen Gesellschaft der Republik China (Taiwan) zwar vom IKRK of-

Statuten der Internationalen Rotkreuz- und Rothalbmondbewegung (1986)

Artikel 4: Bedingungen für die Anerkennung Nationaler Gesellschaften

Um als Nationale Gesellschaft [...] anerkannt zu werden, muss die Gesellschaft die folgenden Bedingungen erfüllen:

1. Sie muss auf dem Gebiet eines unabhängigen Staates errichtet sein, in dem das Genfer Abkommen zur Verbesserung des Loses der Verwundeten und Kranken der Streitkräfte im Felde in Kraft steht.
2. Sie muss in diesem Staat die einzige Nationale Gesellschaft des Roten Kreuzes oder Roten Halbmonds sein und von einem Zentralorgan geleitet werden, das sie allein gegenüber den anderen Organisationen der Bewegung vertritt.
3. Sie muss ordnungsgemäß durch die rechtmäßige Regierung ihres Landes aufgrund der Genfer Abkommen und der nationalen Rechtsordnung als freiwillige Hilfsgesellschaft der Behörden im humanitären Bereich anerkannt sein.
4. Sie muss einen Grad von Eigenständigkeit genießen, der es ihr erlaubt, ihre Tätigkeit in Übereinstimmung mit den Grundsätzen der Bewegung auszuüben.
5. Sie muss einen Namen und ein Schutzzeichen gemäß den Genfer Abkommen und ihren Zusatzprotokollen verwenden.
6. Sie muss so organisiert sein, dass sie die in ihren Statuten festgelegten Aufgaben erfüllen kann, einschließlich der Vorbereitung in Friedenszeiten auf die ihr im Falle eines bewaffneten Konflikts obliegenden Aufgaben.
7. Sie muss ihre Tätigkeit auf das gesamte Staatsgebiet erstrecken.
8. Sie muss freiwillige Mitglieder und Mitarbeiter ungeachtet der Rasse, des Geschlechts, der Klasse, der Religion oder politischen Überzeugung aufnehmen.
9. Sie muss die vorliegenden Statuten beachten, mit den Organisationen der Bewegung zusammenarbeiten und an der solidarischen Gemeinschaft teilnehmen, die sie verbindet.
10. Sie muss die Grundsätze der Bewegung achten und sich in ihrer Tätigkeit von den Grundsätzen des humanitären Völkerrechts leiten lassen.

fensichtlich nie zurückgenommen wurde, diese Gesellschaft bis heute aber von der Föderation noch nicht einmal als Beobachter akzeptiert wird, fällt ebenso in die Kategorie «hohe Politik» wie die Hinnahme der Mitgliedschaft zahlreicher Gesellschaften, bei denen die volle Beachtung des Kriteriums Nr. 8 (Diskriminierungsverbot) mehr als zweifelhaft erscheint. Und so zeigt sich auch hier wiederum sehr deutlich: Trotz allen ehrlichen Bemühens um Neutralität, Unabhängigkeit und Staatsferne agiert die internationale Rotkreuzbewegung in einem hochpolitischen Kontext und muss dies bei ihrem Handeln oft genug eben auch als eine sehr konkrete Realität berücksichtigen.

Anders als die Föderation ist das Internationale Komitee organisationsrechtlich gesehen bis heute nichts anderes als ein Verein nach Schweizer Zivilrecht. Die nach seinen Statuten auf maximal 25 (derzeit 18) Personen begrenzte Vereinsmitgliedschaft ist nach wie vor Schweizer Staatsangehörigen vorbehalten, und die Nachfolge für ausgeschiedene oder auch zusätzliche Mitglieder bestimmt das Komitee selbst (Kooptation). Bewerben kann man sich um eine Mitgliedschaft also nicht – das gewährleistet bis heute ein hohes Maß an Homogenität in diesem informellen Leitungsgremium der gesamten Rotkreuzbewegung. Von hier gehen die Impulse für eine Fortentwicklung des Humanitären Völkerrechts aus, hier wird über die Aufnahme neuer nationaler Gesellschaften in die Bewegung entschieden, hier sitzen die Hüter der Grundsätze und hier werden humanitäre Initiativen notfalls auch jenseits der Grenzen des Mandats erwogen. Und schließlich nicht unwesentlich: In der Nachfolge von Dufour, Moynier, Appia und Huber personifiziert der jeweilige Präsident des Komitees auch ohne ausdrückliches Mandat letztlich die gesamte internationale Rotkreuz- und Rothalbmondbewegung. Mit dem IKRK-Präsidenten, seit Juli 2012 der vormalige Staatssekretär Peter Maurer, verhandeln Staats- und Regierungschefs über humanitäre Angelegenheiten und hier wird auch der Generalsekretär der Vereinten Nationen mit rotem Teppich empfangen – zuletzt Ban Ki Moon anlässlich seiner Visite in Genf am 10. September 2012. Wegen seiner in den Genfer Konventionen fixierten Rolle als «Hüter des Humanitären Völkerrechts» kommt dem IKRK in der internationalen Arena auch ein besonderer Rechtsstatus zu. Diese sog. Völkerrechtssubjektivität erlaubt es dem Komitee und seinen höchsten Repräsentanten, Staaten und internationalen Organisationen (wie etwa der UNO) auf dem diplomatischen Parkett auf Augenhöhe zu begegnen. Aus dem kleinen Honoratiorenverein mit wenigen Hilfskräften ist inzwischen ein global agierender humanitärer Großkonzern geworden: Ausgestattet mit einem Jahresbudget von 1,2 Mrd. US-Dollar (2011), am Hauptsitz in Genf gesteuert von einem unter der Aufsicht des Komitees tätigen 5-köpfigen Direktorium samt einem 800-köpfigen Mitarbeiterstab, sind für das IKRK an weltweit über 80 Krisenstandorten derzeit etwa 1400 Delegierte tätig – unterstützt wiederum durch über 11 000 lokale Mitarbeiter. Die personellen Dimensionen des Einsatzes, aber auch die Erkenntnis, dass in vielen Krisenszenarien unserer Tage der oder die im Regelfall weiße, christliche Delegierte aus dem westlichen Kulturkreis nicht mehr unbedingt die Idealbesetzung darstellen muss, haben dazu geführt, dass das Erfordernis der Schweizer Staatsbürgerschaft für alle Mitarbeiter – auch für die Delegierten im Felde – längst aufgegeben worden ist. Der oder die Delegierte, neutral, unabhängig und allein der Menschlichkeit verpflichtet, ist nach wie vor das Gesicht des IKRK in aller Welt und es hat sich gezeigt, dass man diese Rolle offensichtlich nicht nur als Schweizer(in) erfolgreich verkörpern kann.

Alle Komponenten der internationalen Rotkreuz- und Rothalbmondbewegung sind formell unabhängig voneinander; insbesondere stehen die nationalen Gesellschaften in keinem wie auch immer gearteten Abhängigkeits- oder Unterordnungsverhältnis zu den Genfer Institutionen. Und hier auf der nationalen Ebene begegnet uns in der Tat eine große, ja verwirrende Vielfalt. Die Organisationsformen reichen von Stiftungen (z. B. USA) über eingetragene Vereine (z. B. Deutsches Rotes Kreuz) bis hin zu Körperschaften des Öffentlichen Rechts (Bayerisches Rotes Kreuz). Es existieren streng zentralistische Strukturen (z. B. in Frankreich) und Gesellschaften, die föderalistisch organisiert sind, ganz explizit «nach dem Vorbild der Eidgenossenschaft» in der Schweiz, aber auch in vielen anderen Staaten, so etwa in Deutschland, Österreich oder Belgien. Die Bandbreite reicht von sehr kleinen, aber teilweise überaus effektiven Verbänden – auf den Cook-Inseln erreichen die Sanitätsdienstleistungen der zwölf Niederlassungen der lokalen Rotkreuzorganisation auf allen bewohnten Inseln 100 Prozent der Bevölkerung – bis hin zu Großorganisationen wie dem Deutschen Roten Kreuz mit einer komplexen Verbandsstruktur. Über 100 000 hauptamtliche Mitarbeiter, unterstützt durch mehrere Millionen Ehrenamtliche und Förderer, sind hierzulande in der Berliner Zentrale, 19 Landesverbänden, 480 Kreisverbänden, 33 Schwesternschaften sowie zahlreichen Gemeinschaften (Bereitschaften, Bergwacht, Jugendrotkreuz, Wasserwacht, Wohlfahrts- und Sozialarbeit) für das Rote Kreuz tätig. Welten liegen auch zwischen seit Langem fest etablierten, finanziell saturierten und hochorganisierten Gesellschaften einerseits und solchen, die noch im Aufbau befindlich (Südsudan) oder vom Verfall bedroht (Somalia), oftmals nur über rudimentäre Organisationsstrukturen verfügen. Und schließlich variiert auch das von der jeweiligen nationalen Gesellschaft wahrgenommene Aufgabenspektrum stark. Manche Gesellschaft beschränkt sich in der Tat allein auf Genfer Mandat und allenfalls die Katastrophenhilfe, während andere wiederum ihren Tätigkeitsbereich weit in den Wohlfahrts- und Gesundheitssektor ausgedehnt haben, ja inzwischen hier einen deutlichen Tätigkeitsschwerpunkt aufweisen. Exemplarisch für letztere Entwicklung mag wiederum das Deutsche Rote Kreuz stehen. Vielen in Altersheimen und Kindergärten, im Rettungsdienst oder beim Blutspendedienst tätigen Rotkreuzlern sind so die historischen Wurzeln und ideellen Grundlagen ihrer Tätigkeit als Teil einer einzigartigen humanitären Weltbewegung kaum mehr bewusst. Selbstvergewisserung tut not und eine groß angelegte Informationskampagne des DRK-Generalsekretariats soll hierzu in den nächsten Jahren einen wichtigen Beitrag leisten.

Wie dennoch über alle kulturellen, politischen und ideologischen Grenzen, aber eben auch strukturellen Unterschiede hinweg eine auf dem Menschlichkeitsideal gegründete gemeinsame Identität aufgebaut und seit nunmehr 150 Jahren verteidigt werden konnte, das ist sicher das eigentlich Besondere und wohl auch Erstaunenswerte an der Rotkreuz- und Rothalbmondbewegung. Mit den Statuten von 1986, an deren Spitze nunmehr ganz explizit das Bekenntnis zu den fundamentalen Grundsätzen steht, hat die XXV. Rotkreuzkonferenz den Zusammenhalt der Bewegung auf eine neue rechtliche Grundlage gestellt. Gemeinsam mit einer Reihe von Begleitdokumenten (insbesondere einem «Reglement») grenzen diese Statuten Aufgaben und Zuständigkeiten ab und legen sowohl in programmatischer als auch organisatorischer Hinsicht die Basis für ein möglichst kohärentes Zusammenwirken der derzeit 190 Akteure der Bewegung (188 nationale Gesellschaften sowie IKRK und Föderation).

> «Ihre Mission ist, menschliches Leiden überall und jederzeit zu verhüten und zu lindern; Leben und Gesundheit zu schützen und der Menschenwürde Achtung zu verschaffen, vor allem in Zeiten bewaffneter Konflikte und sonstiger Notlagen; Krankheiten vorzubeugen und zur Förderung der Gesundheit und der sozialen Wohlfahrt zu wirken; die freiwillige Hilfe und die ständige Einsatzbereitschaft der Mitglieder der Bewegung zu stärken sowie ein universales Solidaritätsbewußtsein mit allen, die ihres Schutzes und ihrer Hilfe bedürfen, zu wecken und zu festigen.» (Präambel der Statuten von 1986)

Keinesfalls indes darf man dieses Dokument als eine Art Gründungsurkunde einer internationalen Organisation missverstehen: Die Bewegung ist und bleibt ein durch gemeinsame Ideale und Aufgaben geprägter loser Verbund eigener Art. Auch ein solcher Verbund aber will organisiert sein. Und so verfügt die Bewegung denn auch bereits seit 1928 über drei Organe: die alle vier Jahre stattfindende Internationale Konferenz des Roten Kreuzes und des Roten Halbmondes, einen Delegiertenrat sowie schließlich eine Ständige Kommission (siehe dazu die graphische Darstellung auf der Innenseite des Einbands).

Der *Delegiertenrat* ist die «Generalversammlung» der Rotkreuzbewegung. Alle Glieder haben hier gleiche Rechte und verfügen jeweils über eine Stimme: das Amerikanische Rote Kreuz ebenso wie dasjenige aus Andorra, das IKRK ebenso wie die Föderation. Regelmäßig alle zwei Jahre im zeitlichen Zusammenhang mit Internationaler Konferenz sowie Generalversammlung der Föderation werden hier die großen strategischen, aber auch alle internen Fragen der Bewegung diskutiert und möglichst im Konsens entschieden.

Die aus lediglich neun Mitgliedern bestehende und mindestens zweimal im Jahr tagende *Ständige Kommission* (fünf nationale Gesellschaften sowie jeweils zwei Vertreter von IKRK und Föderation) dient der Bewegung dazu, auch zwischen den Tagungen des Delegiertenrates im kleinen Kreis über alle dringenden Fragen miteinander im Dialog zu bleiben. Das harmonische Zusammenwirken innerhalb der Bewegung kann so sichergestellt, aber auch die Durchführung der Beschlüsse der Internationalen Konferenz überwacht werden.

Diese *Internationale Konferenz* ist die Herzkammer der gesamten Rotkreuz- und Rothalbmondbewegung. Durch verbindliche Resolutionen weist sie dieser für ihre humanitäre Tätigkeit in Krieg und Frieden Ziel und Richtung, kann die organisatorischen Grundlagen der Bewegung (insbesondere das Statut) modifizieren und interne Meinungsverschiedenheiten verbindlich beilegen sowie schließlich Initiativen zur Weiterentwicklung des Humanitären Völkerrechts ergreifen. Dass diese Initiativen vielfach von Erfolg gekrönt sind, liegt an der einzigartigen Zusammensetzung dieser Konferenz. Sitz und Stimme haben hier nämlich nicht nur nationale Gesellschafen, IRKK und Föderation, sondern vielmehr auch alle Vertragsstaaten der Genfer Konventionen. In einer langen, bis auf das Jahr 1863 zurückgehenden Tradition entscheiden also bis heute Staaten und die nichtstaatlichen Akteure der Rotkreuzbewegung gemeinsam über Fortschritte auf dem Wege zu einer weiteren Humanisierung der Kriegführung. Natürlich haben die Staaten das letzte Wort. Aber haben sich diese, regelmäßig bereits im Vorfeld der Konferenz diplomatisch intensiv umsorgt vom IKRK, erst einmal in der von humanitärem Geist getränkten Genfer Atmosphäre zu Konzessionen bewegen lassen, dann fällt ein späteres «Nein» schwer oder steht ein solches jedenfalls unter erheblichem Begründungszwang. War das nicht auch bereits das Erfolgsrezept von Dunant, Dufour und Moynier?

VIII. Das Rote Kreuz heute: Herausforderungen und Perspektiven

Humanitarismus – so hat Michael Walzer jüngst (2011) in der renommierten Zeitschrift «Foreign Affairs» geschrieben – sei nach dem Ende des Kommunismus und der Diskreditierung des Neoliberalismus der wohl wichtigste «Ismus» der Gegenwart. Andere mächtige Triebkräfte in der Welt der Ideen und der Politik, wie «Nationalismus» und «Rationalismus», mögen gegen die Richtigkeit dieser Aussage sprechen. Sicher aber ist: In den vergangenen 20 Jahren ist die humanitäre Welt größer und sie ist komplexer geworden. Und sie ist – und da hat Walzer sicher recht – stärker ins öffentliche Bewusstsein gedrungen als jemals zuvor.

Allein in der Dekade von 1990 bis 2000 haben sich die weltweiten Ausgaben der öffentlichen Hand für humanitäre Hilfe verdreifacht, mit weiter steigender Tendenz. Gleichzeitig ist nicht nur die Zahl der auf diesem Gebiet tätigen privaten Akteure auf lokaler, regionaler und universeller Ebene sprunghaft angestiegen. Auch die Staaten selbst sowie von ihnen kontrollierte und finanzierte internationale Organisationen entfalten heute ein weit über das Maß traditioneller Entwicklungshilfe hinausgehendes Engagement. So betreut der Arbeitsstab Humanitäre Hilfe des Auswärtigen Amtes in rund 80 Staaten der Welt jährlich mehrere hundert humanitäre Hilfsprojekte, die sich auch nicht mehr allein auf das traditionelle Aufgabenspektrum humanitärer Nothilfe beschränken, sondern auch Maßnahmen des «humanitären» Minenräumens und der Katastrophenvorsorge umfassen. Die Europäische Union verfügt ihrerseits mit der Generaldirektion ECHO über eine einschlägig aktive Organisationseinheit, deren jährliches Budget allein etwa eine Mrd. Euro beträgt und damit die Größenordnung der Gesamtausgaben des IKRK erreicht, wenn nicht übersteigt. Und so ist denn nicht zuletzt der Kampf um die knapper werdenden finanziellen

Ressourcen eine der zentralen Herausforderungen, mit denen sich auch die Komponenten der Rotkreuz- und Rothalbmondbewegung konfrontiert sehen.

Geldgeber, aber auch eine zunehmend aufmerksame und kritische Öffentlichkeit fordern zudem einen effektiven Einsatz von Hilfsgeldern. Ein hoher Grad an Professionalität, aber auch eine intensive Koordinierung von Hilfsangeboten sind daher unerlässliche Voraussetzungen, um auf dem Markt für humanitäre Dienstleistungen auf Dauer bestehen zu können. Beides ist innerhalb der Rotkreuz- und Rothalbmondbewegung als dringliche Aufgabe erkannt worden. So konnte im Jahre 1997 der jahrzehntelang zwischen IKRK und Föderation schwelende Streit um die Führungsrolle bei internationalen Einsätzen beigelegt werden (Abkommen von Sevilla). Das für die Koordinierung der Hilfe verantwortliche Organ – die «lead agency», so die neue Terminologie – während und in unmittelbarem Zusammenhang mit bewaffneten Konflikten soll danach weiterhin das IKRK sein. In nichtkriegerischen Notsituationen, wie etwa nach Naturkatastrophen, technischen Unglücken, Epidemien, bei Massenfluchten sowie in der Aufbauphase nach dem Ende eines bewaffneten Konflikts, soll diese Funktion hingegen der Föderation zufallen – und unter bestimmten Bedingungen sogar einer nationalen Gesellschaft. Diese wohl nur in der Theorie eindeutige Aufgabenverteilung weist auf eine weitere Entwicklung hin, die gerade für die internationale Arbeit der Rotkreuz- und Rothalbmondbewegung von erheblicher Relevanz ist. Die meisten bewaffneten Konflikte – so hat es das IKRK in seinem neuesten Strategiepapier (ICRC Strategy 2011–2014) zu Recht festgestellt – enden nämlich nicht mehr: Verteilungskämpfe um Energie, Land und Wasser, oftmals unterlegt mit ethnischen und religiösen Konflikten, tendieren zur Endlosigkeit. Und die kritische Situation, in der sich gerade die Zivilbevölkerung in vielen Teilen der Welt befindet, ist zudem zunehmend das Ergebnis einer Kombination von Kriegsfolgen einerseits und Megatrends wie Klimawandel, Umweltzerstörung, Wanderbewegungen und ungezügelter Urbanisierung andererseits.

Die Welt retten kann auch eine so große und erfolgreiche humanitäre Weltbewegung wie diejenige des Roten Kreuzes nicht – und sie sollte es wohl auch nicht versuchen. Bei den Genfer Institutionen besteht Einvernehmen darüber, dass bewaffnete Konflikte und humanitäre Notsituationen heute in einem viel breiteren humanitären Kontext gesehen und auch behandelt werden müssen als früher. Nachhaltige Lösungen für die komplexen Problemlagen aber sind nur in einem engen Zusammenwirken aller Komponenten der humanitären Welt sowie der betroffenen Bevölkerungen selbst möglich. Nationale Rotkreuz- und Rothalbmondgesellschaften, koordiniert durch Föderation und gegebenenfalls auch das IKRK, können und werden hier auch in Zukunft einen wichtigen Beitrag leisten, aber eben auch nur einen Beitrag.

Und schließlich fügt sich auch das typische Gewaltszenario der Gegenwart allzu oft nicht mehr in die Kategorien der Genfer Konventionen ein. Gewalt ist zum alltäglichen und oftmals lebenslangen Begleiter vieler Millionen Menschen überall auf der Welt geworden, ob in «Failed States» wie Somalia, im Drogenkrieg in Mexiko, im Kongo, in Mali, in Afghanistan und anderswo. Auf diese und andere Veränderungen in der Konfliktwirklichkeit kann und muss das Internationale Komitee versuchen durch politische und rechtliche Impulse Antworten zu geben. In dieser Funktion ist es konkurrenzlos und wird es auch in Zukunft bleiben. Staaten und immer neue sub- und suprastaatliche Akteure werden aber nur dann auch in Zukunft uneingeschränkt bereit sein, den Sonderstatus des IKRK als einer unabhängigen, neutralen und mit einem klaren völkerrechtlichen Mandat ausgestatteten Institution zu akzeptieren, wenn das Genfer Komitee der Versuchung widersteht, sich in einen beliebigen und damit letztlich austauschbaren «Hilfsmulti» zu verwandeln. Der auf internationaler Ebene mit dem Zeichen des Roten Kreuzes verbundene Kernauftrag ist zweifellos anspruchsvoll und fordernd genug in einer Welt zunehmender Unschärfe – zwischen Krieg und Frieden, zwischen Terror und Befreiungskampf, zwischen Neutralen und Kriegsparteien, zwischen legitimen und illegitimen Kämpfern, zwischen Opfern und Tätern, zwischen zulässigen und unzulässigen Gewaltmitteln gegenüber Mensch und Umwelt. Und vielleicht ist es gerade in dieser neuen Welt der Grautöne, in der die Rotkreuzidee und ihre Repräsentanten mit ihren einfachen, kompromisslos allein auf die Bedürfnisse des Individuums in Not ausgerichteten Handlungsmaximen dringender benötigt werden denn je.

IX. Epilog

Bereits auf ihrer Gründungskonferenz sah sich die noch junge humanitäre Bewegung dem Vorwurf ausgesetzt, man dürfe den Krieg nicht dauerhaft als «notwendiges Übel» akzeptieren. General Dufour konterte diese nicht ganz substanzlose Kritik damals mit dem Hinweis darauf, dass es, «solange die menschlichen Leidenschaften dauern, und das wird wohl noch lange der Fall sein, Kriege auf dieser Erde geben» werde. Und in der Tat: Bis heute werden Menschen Opfer von Kriegen und bis heute sieht sich der Mensch auch in Friedenszeiten existentiellen Bedrohungen ausgesetzt: durch Gewalt, Hunger, Krankheit, (Alters-)Armut, Obdachlosigkeit, umwelt- und menschengemachte Katastrophen. Hoffnung macht, dass der Mensch offensichtlich auch zu ganz anderen Leidenschaften fähig ist: Die Arbeit von Angehörigen der Sozialberufe und Millionen freiwilliger Helferinnen und Helfer, aber auch von Menschenrechts-, Friedens- und Umweltaktivisten belegt immer wieder aufs Neue, dass Albert Camus wohl recht hatte, als er 1942 inmitten einer der größten humanitären Katastrophen zur Erkenntnis gelangte: «Der Kampf gegen Gipfel vermag ein Menschenherz auszufüllen. Wir müssen uns Sisyphos als einen glücklichen Menschen vorstellen.»

Und so erzählt die Geschichte des Roten Kreuzes letztlich von Menschen, die sich – in den Worten von Hans Magnus Enzensberger – mit nüchterner Leidenschaft «einer Mission verschrieben haben, von der sie wissen, dass sie nie ein gutes Ende nehmen wird». Oder vielleicht doch?

Literatur (Auswahl)

Schriften aus den Anfangsjahren der Rotkreuzbewegung

Dunant, H., Eine Erinnerung an Solferino (Schweizerisches Rotes Kreuz, Hrsg., 2009, franz. Original 1862)

Moynier, G., La neutralité des militaires blessés et du service de santé des armées (Paris 1867)

Moynier, G./Appia L., La guerre et la charité; traité théoretique et pratique de philantrophie appliquées aux armées en campagne (Genf 1867)

Naundorff, J., Unter dem rothen Kreuz. Fremde und eigene Erfahrungen auf Böhmischer Erde und den Schlachtfeldern der Neuzeit (Leipzig 1867)

Cazenove, L. de, La guerre et l'humanité au XIXe siècle (Paris 1869) – *mit den Ratifikationserklärungen zur 1. Genfer Konvention (48 ff.)*

Moynier, G., Les dix premières années de la Croix Rouge (Genf 1873)

Lueder, C., Die Genfer Convention (Erlangen 1876)

Von großer Bedeutung ist auch die Publikationstätigkeit (der Mitglieder) des IKRK in Form von Rundschreiben, Konferenzberichten, Mitteilungen über die verschiedenen Aktivitäten der Bewegung sowie Beiträgen im seit 1869 erscheinenden Bulletin International des Sociétés de la Croix-Rouge. Die Protokolle der Sitzungen des IKRK aus den Anfangsjahren (1863–1914) sind nun veröffentlicht: Pitteloud, J.-F. (Hrsg.), Procès-verbaux des séances du Comité international de la Croix-Rouge (Genf 1999).

Internationales Komitee vom Roten Kreuz

Viele Autor(inn)en sind der Rotkreuzbewegung in der einen oder anderen Weise in Sympathie verbunden. Auch eine bisher 4 Bände und den Zeitraum von 1859–1965 umfassende ausführliche Gesamtdarstellung hat zumindest semioffiziellen Charakter:

History of the International Committee of the Red Cross/Histoire du Comité international de la Croix-Rouge: Boissier, P., Vol. I: From Solferino to Tsushima (Genf 1985, franz. Original 1963) – Durand, A., Vol. II: From Sarajevo to Hiroshima (Genf 1984, franz. Original 1978) – Rey-Schyrr, C., Vol. III: De Yalta à Dien Bien Phu, 1945–1955 (Genf 2007) – Perret, F./Bugnion, F., Vol. IV: De Budapest à Saigon, 1956–1965 (Genf 2010)

Müller, R., Entstehungsgeschichte des Roten Kreuzes und der Genfer Konvention (Stuttgart 1898) – *unter Mitwirkung von Dunant selbst entstandenes Werk mit einem interessanten Quellenanhang, das wesentlich zur «Wiederentdeckung» und Rehabilitation des Gründers der Rotkreuzbewegung beigetragen hat.*

Haug, H., Menschlichkeit für Alle. Die Weltbewegung des Roten Kreuzes und des Roten Halbmondes (Bern 1991) – *umfassendes Gemeinschaftswerk verschiedener IKRK-Mitarbeiter(innen), gelegentlich ein wenig unkritisch*

Moorehead, C., Dunant's Dream: War, Switzerland and the History of the Red Cross (London 1998)

Forsythe, D., The Humanitarians. The International Committee of the Red Cross (Cambridge 2005)

Hutchinson, J., Champions of Charity: War and the Rise of the Red Cross (Boulder 1996) – *eine nach wie singulär kritische, hervorragend dokumentierte Studie zum Zusammenhang zwischen Aufstieg des Roten Kreuzes und militaristisch-nationalistischen Tendenzen bis zum Ende des Ersten Weltkriegs*

Riesenberger, D., Für Humanität in Krieg und Frieden. Das Internationale Rote Kreuz 1863–1977 (Göttingen 1992) – *eine gut lesbare, konzise Gesamtdarstellung, die sich auch durch kritische Distanz auszeichnet*

Favez, J.-C., Das Internationale Rote Kreuz und das Dritte Reich – War der Holocaust aufzuhalten? (München 1989, franz. Original Lausanne 1988) – *die erste Studie, die sich umfassend kritisch mit dieser Epoche der IKRK-Geschichte auseinandersetzt*

Dempfer, R., Das Rote Kreuz. Von Helden im Rampenlicht und diskreten Helfern (Wien 2009) – *eine facettenreiche thematische Annäherung an die Rotkreuzbewegung aus teilweise ungewöhnlicher Perspektive*

Enzensberger, H. M. (Hrsg.), Krieger ohne Waffen. Das Internationale Komitee vom Roten Kreuz (Frankfurt a. M. 2001) – *perspektivenreiche Essaysammlung*

Pictet, J., Die Grundsätze des Roten Kreuzes. Kommentar (Genf/Bonn 1990, franz. Original 1979) – *hervorragend geschriebene, autoritative Kommentierung der sieben Rotkreuzgrundsätze*

Biographische Werke

Früh setzte eine Mythologisierung, ja naive Idealisierung des geistigen Gründers des Roten Kreuzes Henry Dunant ein («Der Samariter von Solferino»), dem auch der ganz überwiegende Teil der biographischen Literatur gewidmet ist. Empfehlenswert aber:

Riesenberger, D. und G.: Rotes Kreuz und Weiße Fahne. Henry Dunant 1828–1910 – Der Mensch hinter seinem Werk (Bremen 2010) – *ein differenziertes Charakterporträt*

Durand, R., Henry Dunant 1828–1910 (Genf 2011) – *prägnante Kurzbiographie*

Giampiccoli, F., Henry Dunant. Der Gründer des Roten Kreuzes (Neukirchen-Vlyn 2009, ital. Original Turin 2009) – *Annäherung an Dunant unter Einbeziehung auch ungewohnter Perspektiven (z. B. «Der feministische Horizont»)*

Heudlass, W., J. Henry Dunant. Biographie (4. Aufl. Stuttgart 1962) – *wegen der zahlreichen Originalquellen immer noch von hohem Informationswert*

Zu drei weiteren wichtigen Protagonisten der Rotkreuzbewegung:

De Senarclens, J., Gustave Moynier. Le bâtisseur (Genf 2000)

Bugnion, F., Gustave Moynier. 1826–1910 (Genf 2011) – *prägnante und kenntnisreiche Kurzbiographie, die erste in deutscher Sprache überhaupt*

Durand, R. (Hrsg.), Guillaume Henri Dufour dans son temps. 1787–1875 (Genf 1991)

Vogelsanger, P., Max Huber (Frauenfeld 1967)

Deutsches Rotes Kreuz

Riesenberger, D., Das Deutsche Rote Kreuz. Eine Geschichte 1864–1990 (Paderborn 2002) – *erste große Gesamtdarstellung der Entwicklung des Deutschen Roten Kreuzes*

Morgenbrod, B./Merkenich, S., Das Deutsche Rote Kreuz unter der NS-Diktatur 1933–1945 (Paderborn 2008) – *eine im Auftrag des DRK in völliger wissenschaftlicher Unabhängigkeit erstellte Studie*

Grüneisen, F., Das Deutsche Rote Kreuz in Vergangenheit und Gegenwart (Berlin 1939) – *was die Gegenwartsbetrachtung angeht, (natürlich) aus NS-Perspektive verfasst*

Internetressourcen (zuletzt besucht: 29. November 2012)

www.icrc.org – Webseite des IKRK (engl./franz. und fünf weitere Sprachen, nicht aber deutsch) mit zahlreichen weiterführenden Hinweisen zu aktuellen Entwicklungen und Zugang zu einem umfangreichen Informationspool

www.ifrc.org – Webseite der Föderation der Rotkreuz- und Rothalbmondgesellschaften, u. a. mit einer Verlinkung zu allen nationalen Rotkreuzgesellschaften

www.drk.de – Umfassende Selbstdarstellung des Deutschen Roten Kreuzes auch mit umfassenden Informationen zu Auftrag und Verbandsstruktur («über uns»)

www.drk.de/fileadmin/Ueber_uns/_Dokumente/humanitares_voelkerrecht/Statuten%20der%20Internationalen%20RKRH-Bewegung.pdf – Statuten der internationalen Rotkreuz- und Rothalbmondbewegung (dt.)

www.micr.ch – Internationales Rotkreuz- und Rothalbmondmuseum in Genf (2013 Wiedereröffnung mit einem völlig neuen inhaltlichen und didaktischen Konzept)

www.drk.de/ueber-uns/geschichte/rotkreuz-museen.html – Verzeichnis der Rotkreuzmuseen in Deutschland

Register

Abessinienkrieg 75 ff
Ador, G 57, 62
Allgemeiner Deutscher Frauenverein 48
Amerikanisches Rotes Kreuz 46 f
Antisemitismus 81, 86
Appia, L 23, 35, 38 f
Arrault, Henri 12
Atomwaffen 51 f
Aufnahmekriterien 114
Basting, JHC 28
Bayerisches Rotes Kreuz 117
Benedikt XI 62
Bernadotte, F Graf von 100
Biafrakrieg 105
Bodmer, M 103
Briand-Kellogg Pakt 69
Bulletin International 53
Burckhardt, C-J 86
Bürgerkrieg 25 f, 52 f, 70 ff, 98 f, 104 ff
Burton, C 12, 46
Camus, A 124
Churchill, W 70
Cicero, MT 11
Circourt, A de 20
Conrad, J 58
Davison, HP 65
De Gaulle, C 62
Dekolonisierung 102 ff
Delegierte, IKRK 38 f, 41, 52, 55, 73 f, 76 f, 96, 105, 117
Delegiertenrat 119
Deutsches Rotes Kreuz 46 f, 54, 59 ff, 78 ff, 117 f
Deutsch-französischer Krieg 55 f
Dickens, C 20
Direktorat (IKRK) 117
Displaced Persons/DPs 96
Draudt, P 68, 88
Dufour, G-H 12, 19, 23, 29, 37 f, 124
Dunant, H 7, 14 ff, 21 ff, 40 f
ECHO-Generaldirektion (EU) 121
ECOSOC (UNO) 107
Eichmann, A 91
Erster Weltkrieg 58 ff
Föderation (Rotes Kreuz/Roter Halbmond) 65 f, 103 f, 114 ff, 121 f
«Formular 61» 93
Frauen Hülfs- und Pflegevereine 48
Fünfer-Komitee 23
Genfer Abkommen (1949) 98 f
Genfer Gemeinnützige Gesellschaft 22 f, 40
Genfer Konferenz (1863) 27 ff
Genfer Konferenz (1864) 35 ff
Genfer Konvention (Erste) 36 f
Genfer Recht 49, 51
Giftgas 49, 63, 69, 75 f
Grawitz, ER 84
Haager Friedenskonferenzen 50 f
Haager Recht 49
Haeflinger, L 90
Haiti 104

Hartmann, G 88
Heiliger Stuhl 40
Hobbes, T 7
Holocaust 88 f
Huber, M 51, 68, 72, 75, 76 f, 78 f, 85, 91 f, 102
Hudal, A 91
Humanitäres Völkerrecht 30 f, 36, 48 ff, 69 f, 97 ff, 106
Institutionelles Gleichgewicht 68 f
Internationale Konferenz, s. Rotkreuzkonferenzen
Internationales Komitee (IKRK), 26 f, 32, 36, 41, 51 f, 55 ff, 66 ff, 85 ff, 91 ff, 100, 104 f, 107, 116 f, 121 ff
Johanniterorden 12, 27, 31
Junod, M 74 ff
Kleine Kriege 70 f, 98, 105 f
Kommisarbefehl 93
Konzentrationslager 81 f, 85, 88
Korrespondenz- und Nachrichtenbüro 52
Kriegsanleihen 60
Kriegsbegriff 98 f
Kriegsgefangene 52, 61 ff, 92 f
Kriegsgefangene, zentrale Auskunftsstelle 61, 92, 99
Landminen 50
‹Lead Agency‹ 122
Lieber, F 12
Liga der Rotkreuzgesellschaften 64 ff, 99, 103 f
Lindt, A 105
Löffler, GFF 16, 28
Magen David Adom 112
Maistre, J de 11
Maunoir, T 23
Maurer, P 116
Menschlichkeit 110
Mission Wehrlin 102
Motta, G 101
Moynier, G 21 ff, 29 f, 33 f, 40 f, 50, 53, 58, 109
Nahostkonflikt 100
Nationale (Hilfs-)Gesellschaften 32, 41 f, 46 f, 51, 54 f, 59 ff, 77 f, 99, 117 f
Nationalsozialismus 78 ff
Neutrale Zonen 73
Neutralisierung 28, , 33 f, 35 ff
Nichtregierungsorganisationen (NGOs) 107
Nightingale, F 7, 12, 21
Nobelpreis 6, 9, 40 f, 63, 66
OCHA 107
Ost-West Konflikt 101 f
Palasciano, F 12 f
Palästinensisches Rotes Kreuz 114
Passy, F 6
Petersburger Erklärung (1868) 48
Pfingstappell (1940) 94
Picasso, P 72
Pictet, J 26, 99, 110, 112
Politische Häftlinge 79, 81
Preußischer Centralverein 47
Regionalisierung, Prinzip 104
Reisedokumente, IKRK 90 f
Renan, E 20
Roter Davidstern 112
Roter Halbmond, 112
Roter Kristall 112 f
Roter Löwe 112
Rotes Kreuz, Erkennungszeichen 34 f, 36, 112 f
Roth, J 16 f
Rotkreuzgrundsätze 108 ff
Rotkreuzkonferenzen 54, 120
Rotkreuzstatuten 68, 110, 113 ff, 118 f
Rousseau, J-J 17 f
Sardinischer Krieg 14 ff
Schleswiger Krieg (Zweiter) 38 f
Schweiz 31, 38, 50, 90, 95 f, 101
Senn, GC 105
Sevilla-Abkommen 122
Solferino, Erinnerung an 13 ff, 20 f
Solferino, Schlacht 9, 14 ff
Spanischer Bürgerkrieg 71 ff
Ständige Kommission 120
Stowe, HB 16
Surrendered Enemy Personnel/SEP 97
Suttner, B von 7, 24
Talionsprinzip 10
Tansley-Bericht 112
Tokyo Projekt 94
Tsunami Katastrophe 66, 104
UNESCO Register «Memory of the World» 62
Unterscheidungsgrundsatz 18
Van de Velde, C 38 f
Vaterländisches Hilfsdienstgesetz 60
Vereinigtes Hilfswerk 95
Vermeidung unnötiger Leiden 49
Vertraulichkeit 77
Vischer, M 96
Völkerbund 65, 69, 76
Waffenverbote 48 f
Walzer, M 121
Wasserfuhr, AF 28
Weltrotkreuztag 19
Wilson, W 65
Wohlfahrtskongresse 22 f
Wohlfahrtspflege 54, 118
Zivilbevölkerung 69 f, 71, 93 ff, 98
Zweiter Weltkrieg 91 ff
Zypriotisches Rotes Kreuz 114